蔡暄民　王世荣　审订

鉴识历代古瓷十二讲

◉ 高松年 著

浙江工商大学出版社
ZHEJIANG GONGSHANG UNIVERSITY PRESS | 杭州

图书在版编目 (CIP) 数据

鉴识历代古瓷十二讲 / 高松年著 . — 杭州：浙江
工商大学出版社，2020.1
ISBN 978-7-5178-3585-1

Ⅰ . ①鉴… Ⅱ . ①高… Ⅲ . ①古代陶瓷－研究－中国
Ⅳ . ① K876.34

中国版本图书馆 CIP 数据核字（2019）第 250131 号

鉴识历代古瓷十二讲
JIANSHI LIDAI GUCI SHIER JIANG

高松年 著

责任编辑 田程雨
装帧设计 林朦朦
责任印制 包建辉
出版发行 浙江工商大学出版社
（杭州市教工路 198 号 邮政编码 310012）
（E-mail：zjgsupress@163.com）
（网址：http://www.zjgsupress.com）
电话：0571-88904980 传真：0571-88831806
印　刷 杭州宏雅印刷有限公司
开　本 880mm×1230mm　1/32
印　张 6
字　数 190 千
版 印 次 2020 年 1 月第 1 版　2020 年 1 月第 1 次印刷
书　号 ISBN 978-7-5178-3585-1
定　价 69.00 元

浙江工商大学出版社营销部邮购电话　0571-88904970

目　录

第一讲 鉴识古瓷的四个要素

从 20 世纪 80 年代初起,中华大地逐渐掀起了一股收藏的热潮。随着时间的推移,这股热潮愈演愈烈,在 90 年代以后,已演化成为一个万众参与的影响持久的社会文化现象。

回观历史,在我国历史上,出现过五次收藏大潮:第一次在北宋末;第二次在明代;第三次在清代乾隆朝;第四次在民国;第五次就是当下。前四次大潮的出现均与皇帝或文人的喜好有关,因此,参与者大都局限在皇室、官场和知识阶层。清代以后,也有经商者成为收藏大家的,收藏品类大都以书画为主。但当下这股大潮与前四次都迥然不同,真可谓是一股浩浩荡荡的民间收藏大潮,上至官员,下达平民,千万人众,都对收藏产生了浓厚的兴趣。其中企业家这一群体,因为实力雄厚,在高端收藏上,常常闪烁出令人羡慕的耀眼光彩。这次大潮,参与收藏人数之众,收藏者身分之广,藏品流通量之大,投入资金之巨,收藏品类之全,都是史无前例的。现在的民间收藏,与公办收藏相辅相成,成为当下人们社会生活中一道亮丽的文化风景。

随着收藏市场的日益升温,通过收藏渠道来参与投资的人也越来越多。但是,和其他的市场投资一样,在艺术品的投资上同样是存在着风险的。只有收藏到真品,才能够升值。如果收藏的是赝品,不仅不能升值,你的投资也就等于打了水漂。不少人常常通过拍卖会的渠道去购买收藏品,但当前国内的拍卖还不十分规范,拍卖品的真伪也存在不少问题。据报道,广东有一次陶瓷拍卖,真品仅百分之一。现在好多人都看好国外回流藏品,可是,在回流藏品中同样存在着真赝混杂的状况。有一位藏家花

元代龙泉窑青瓷菱口盘
杭州博物馆藏
高 7.2cm,口径 34cm,底径 12.6cm

南宋影青釉双鱼纹刻花盘

元代龙泉窑青瓷葫芦型执壶 杭州博物馆藏
高 12.5cm，口径 2.3cm，底径 4.8cm

了百万巨资从英国买回一批瓷器,后经专家鉴定,全部是赝品。因此,为了降低风险,在投资古瓷器时,自己能懂得识别真假就显得十分重要。

这里,说一下怎么样去识别真正的古瓷器。

我国的瓷器生产,如果从商周时代算起,已经有三千多年的历史。综观历代的瓷器生产,都是在发展之中又有着各个朝代不同的时代特色。因此,了解各朝瓷器在历史发展中的演变过程,了解各朝瓷器生产的不同的时代特点,就可以比较准确地去鉴识历朝历代的真品瓷器。

每个朝代的瓷器,其形制和纹饰都有自己不同的时代特色。比如,康熙笔筒有束腰的特点,明代瓶罐有拼接的特点,等等。还有在寿桃画法上,有所谓的"雍八乾九"说,即雍正朝画八个,乾隆朝画九个。在莲花瓣的画法上,有所谓的"唐四、五五、宋六"说,即唐代是四瓣,五代是五瓣,宋代是六瓣。根据这些不同的特点,可大致判断它的制作年代。再比如,历代在瓷器上所绘龙的图纹也都是各有特点的。从战国到唐代的龙多画成兽形,这段时期,形态变化最大,开始脱去爬行动物的特点,从匍匐走向飞腾。宋元以后到明清变化不大,基本上都是现在多见的龙形。而各朝又大同而小异,如明代的龙两个眼睛画于一侧,像比目鱼一样。明代各朝龙形有区别,但眼睛画法都是这样,以此可以与其他朝代相区别。再以清代为例,顺治朝的龙俗称鸡爪龙,龙爪画得犹如鸡爪;康熙朝多见马脸龙、弓字立龙、夔纹龙;雍正朝的龙头常画得犹如鳄鱼,此外多见螭龙纹;到乾隆朝,龙头画得像长须老头一样,俗称"老人龙";嘉道以后,多见带鱼龙,龙身很长,像一条在游动的带鱼,弓起像虾弓;光绪多见点睛龙,龙眼之处像是刚点上去一般,特别有神。另,光绪的龙必定是鬼头龙,嘴上面短下面长。知道了这些画龙特点后凡见有龙图案的清代瓷器,你就可以结合其他特征,准确断代了。再如，从器口上的酱釉抹边看，不同年代，特色也不一样。在器口上涂抹酱釉或黄釉，最初是模仿宋代的定窑在盘碗的边上镶金边、银边或铜边。南宋的景德镇影青瓷也有覆烧和镶口。到元代前后，盘碗的口沿始涂酱色釉，到明末清初达于高峰。从颜色看，永乐时最浅，呈淡黄色，到明末清初，为最深，呈赭色。但一般说来，瓷器的形制、装饰、款识等，后人都是可以仿制的。因此，拿到一件瓷器，鉴别真伪的首要因素并不是这些。当然，这些条件，在断代上是必须要考虑的，不过，这些因素也只能是一些参考因素。还有人提出，识唐瓷，看形的神韵；识宋瓷，看釉的靓丽；辨元青花，看画之古朴；鉴明清瓷，看色的渲染。还有从形制的角度，提出唐肥、宋秀、元墩的区别要领，等等。当然，这些概括都是对的，但针对具体器物，这些标准又嫌太粗略，无法细断。因此，以上这些，都可以作为断代时的参考。而最后的鉴定，还是要从考察其他的一些本质要素入手。

我以为，要确定一件瓷器的真伪，要考虑的是以下四个要素：一、看胎质；二、看釉面；三、看彩料；四、看老旧痕迹。

首先是看胎质。中国瓷器的胎质构成，可以说每个朝代都是不一样的。唐代以前，是属于瓷器的初创时期，器物的胎质构成比较粗松。像唐三彩的胎质就是半瓷半陶的，比较粗松。如果你见到的"唐三彩"胎质非常精细坚致，那么，这个东西肯定就是不对的。再如，宋元时代吉州窑黑釉盏的胎质也是比较粗松的。而且，当时工人在制作时的拉坯工艺做得快速利落，每个碗底部只用竹刀迅速地刮一遍就完了，所以，留下的修刀旋痕非常明显，很粗糙。如果你碰到的吉州窑碗修胎讲究、工细，胎质又是很坚硬、精细、有细旋纹痕的，那么，不必看其他方面，这个碗必定是后仿品无疑。现在，元青花的瓷器很受藏家关

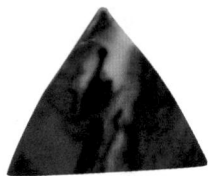

明代永乐青花残片，此片施"苏来麻尼"（即苏麻离青）料，发色蓝艳，有晕化，釉面有肥亮感。

清代乾隆青花福寿纹盘残器，发色雅丽，蓝中见紫。

清代乾隆青花凤穿牡丹纹盘。青花明显见紫，色浓处，可见两次上色而成的痕迹。

清代乾隆青花寿字纹罐

清代雍正青花寿字纹罐

清代康熙青花寿字纹罐

青花寿字纹罐清三代多见。但胎釉、彩料和器型、工艺，随朝代更替略有变异，显现出与各朝瓷器相类的时代特色。

注。识别元青花，除了看其施釉较厚、有堆脂感，彩料使用"苏麻离青"，色泽浓翠，有铁斑等的特点外，在胎质上也有一些明显的特点。一般元青花瓷胎体都较为厚重，大器烧成后底部常有开裂，胎质细白坚致，胎釉结合处常有淡红色火石红形成。这种火石红，在器身的白釉较薄之处也会泛出一种肉红色来。如果"元青花"器釉面干枯，胎质粗松，又没有火石红，釉薄处也看不到肉红色泛出，那么，藏家就一定要小心对待。此外，像康熙瓷的胎质精细白晰又坚致，但制瓷风格较为粗犷，器底都留有旋痕。因是人工淘胎，再精细也存有杂质，因此，器底胎面上都有点点黑疵。如果你碰到的东西写的是康熙款，但器底光洁，没有旋痕和黑疵的话，十有八九是后仿品。

　　其次是看釉面。瓷器的釉面也随着时代的发展在不断变化。在北宋以前，瓷器上施的釉是石灰釉，这种釉比较薄，黏着力不强，容易剥落，而且容易流淌。像鉴识唐代的彩釉器，一是看釉色有否流淌，看色与色之间是否有因为流淌而产生的交融，而且这种流淌的色釉是平平的沙滩式的，如果是如水滴状的，那肯定是不对的。二是要注意晚唐以前的彩釉器常会出现的釉面的剥落和开裂。此外，唐瓷一般在放大镜下均可看到细小的开片，可见这种开片不太明显，如在一米开外就可见到，那么，这就是个仿品。南宋以后，改施石灰碱釉。这种釉黏着力强，可以施得很厚。所以南宋以后的瓷器，如哥窑、南宋官窑、南宋龙泉窑等的器物釉色就显得肥厚滋润，放大镜下还可见到未熔的石英颗粒。另外，从釉面看，从中表现出来的很多特征都有利于鉴别。像明宣德、清雍正等朝的瓷面都可见桔皮纹；乾隆单色釉器，胎釉结合处的釉面可见细小的锯齿痕；明万历、清康熙青花的釉面常可见指捺水印纹；晚清几朝瓷器的底面釉上均可见高低不平的状况，俗称"波浪釉"；等等。这些都是通过观察釉面所得出的鉴识依据。

明代弘治黄釉盘　明代弘治黄釉盘底面　明代隆万黄釉五彩盘　清代康熙黄釉盘残底

明代弘治黄釉器，在历代黄釉器中最负盛名。由于釉色娇嫩，犹如鸡油，故也叫"鸡油黄"。嘉万以后，黄色变深，再无娇嫩感。清康熙有仿明弘治黄釉器，但黄色也较深。再明弘治盘必定塌底，后仿者常为平底。明弘治盘外底常为灰白色釉，清康熙盘底釉常呈青白色。

　　再次是看彩料。不同的时代，所用的彩料都是不同的。一般说来，古代瓷器所用的都是矿物料，而现代仿品则常用化工料来替代，因此，凡见用化工料的，就可以在鉴识时加以剔除。而矿物料在各个时期也都是不一样的。就拿绘青花所用的青钴料来说吧，明清各朝就是各有所用的。在明代，洪武时，有进口、国产两种青料，进口料呈色鲜艳，国产料呈色灰暗。永乐、宣德两朝官窑器多用进口"苏麻离青"料，发色浓艳，青花上有"铁锈斑"。成化到正德前期用平等青料，发色淡雅秀气。正德后期多用浙料，发色深蓝；嘉靖到万历前期官窑器多用进口回青料，发色艳美，蓝中带紫。万历后期至崇祯用石子青或浙料，除个别发色鲜艳外，一般都清淡无华。在清代，顺治早期多用石子青，后期多用浙料。康熙早期延续顺治，青花色泽灰蓝深沉，偶而也有清淡；中期多用浙料和云南出的珠明料，呈色翠蓝，层次分明；晚期呈色偏淡，少量见深。雍正、乾隆时，色泽不如康熙，层次也减少。晚清各朝均有所退步。根据使用青料的不同情况，就大致可以判断器物所属的年代。其他的彩料亦然，不管是五彩或

明代弘治黄釉器，在历代黄釉器中最负盛名。由于釉色娇嫩，犹如鸡油，故也叫"鸡油黄"。嘉万以后，黄色变深，无娇嫩感。清康熙有仿明弘治黄釉器，但黄色也较深。再明弘治盘必定塌底，后仿者常为平底。明弘治盘外底常为灰白色釉，清康熙盘底常呈青白色。

粉彩,不同的时代所用的彩料都是有所区别的。像明代和清代康熙朝用的矾红,发色较深,似枣皮之色,俗称"枣皮红",而清代康熙以后各朝,矾红的发色就偏淡。熟悉了这些,也就可以帮助来识别和判断瓷器的年代。从彩料的外在表现也可以用以区别五彩、粉彩和珐琅彩。五彩器除绿彩有玻璃彩外,其余均一抹色平涂,表面相对粗糙。粉彩用渲染法画,立体感强,有粉质感,表面较平滑,但无玻璃质感。粉彩不能做到全粉彩化,其中的矾红必定是五彩。因为烧造温度高了,矾红要流淌,因此,若发现矾红粉彩化或玻璃化,则必定是民国以后的现代工艺。珐琅彩也用渲染法画,立体感强,有油质感、玻璃质感,没有粉质感。因为不用氧化铅工艺,因此,绝无蛤蜊

清代绿釉蛙形辟邪器

清代绿釉狮形水滴

清代雍正青花灵芝纹盘

晚清青花釉里红鱼纹盘

民国粉彩四季花卉纹碗

光出现。再如,元代釉里红烧造不成熟,发色多不成功,显焦红色并有流淌。现代仿品胎过细,器形下塌不够,缺少元器的粗犷之感。仿品虽有流淌,然发色常过艳,釉面的腐蚀系用人工做出。

最后,也是最为重要的一点,是要在器物上看到真正的老旧痕迹。传世品上应有使用和存放的痕迹。出土器上应有土气侵入的痕迹。这些痕迹,表现在器物上,最常见的就是因氧化和长期存放而形成的包浆。有包浆的器物上面,就会有一层类似涂了薄油一样的温润的光泽。年代越久,光泽就越强。如果是青花器,那么,包浆下的青花,应是下沉的,犹如上面有一层水,俗称"水头"。新器的青花上是没有水头的,青花必定是上浮的。老的传世品一定会有一些使用过的痕迹,有揩拭痕、擦伤痕等等。这种痕迹没有规则,是在岁月的流逝中自然留下的,和现代新品用人工做出使用痕不同。人工做的有规律性,比较生硬,仔细观察,可以区别。如果器物入过土,也应有土沁和灰皮等被腐蚀的痕迹。新出土之物,闻之应有土香气味。现在也有人工用酸腐蚀等方法来做的,但不像真正的土沁和灰皮那样深入和不规则,闻之则有异味。现在还有在烧造时通过釉面涂锌来作旧的。因为锌元素在高温下比较活跃,能促使釉面气泡爆裂,所以可以以此达到作旧目的。但涂锌作旧的器物,也可以识别:涂锌的器物,高温下气泡是一次性破裂,不像自然老化的,有时间因素加入,破裂有多有少,而不是整齐划一的。另,涂锌件因气泡大量破裂,造成釉面出现流动,放大镜下可见弯曲的水波纹。总之,凡是老的东西,必定有真正的老旧痕迹留存;凡找不到一点痕迹的器物,必定是新物无疑。凡千年以上的老窑器,胎质干燥疏松,上手感觉较轻,在露胎处滴水上去,瞬间即被吸干,新品则反之。这是时间在起作用。

元代釉里红拔白玉壶春瓶

仿元代釉里红拔白玉壶春瓶

元代釉里红烧造不成熟,发色多不成功,显焦红色并有流淌。现代仿品胎过细,器形下塌不够,缺少元器的粗犷之感。仿品虽有流淌,然发色常过艳,釉面的腐蚀系用人工做出。

　　上述四个因素在鉴识时要结合起来考察，当然，考察时还要结合形制、纹饰和款识等一起来综合考虑，如发现有一点不对，即可全盘否定。

　　在鉴识古瓷时，之所以强调要从上述四大要素去入手，这是因为，这四点是现代作伪者较难仿出的。

　　举例：下图的龙泉窑残盘胎色为灰白色，较厚重。底部露胎处可见火石红，但比宋时稍淡。底部有窑裂，这是元代大器中的常见现象。施釉较厚，为灰青色釉。边缘和花纹的釉薄处，可见白色线状胎色，俗称"出筋"。底面露胎处有一圈白色黏着物，这是烧造时垫圈所留的痕迹，龙泉窑元末明初常用此工艺。根据以上情况，我们判定这个盘子是元末明初之物。

在出土器上应可见土沁、灰皮和侵蚀的痕迹，但无规律可循，应与人工作伪的腐蚀之痕相区别。

元代龙泉窑青瓷花卉纹印花大盘残器

第二讲 唐代彩釉瓷和明清德化白釉佛像鉴识要点

唐代彩釉瓷鉴识要点

　　中国的彩瓷发展到唐代,可以说是有了重大的突破。尤其是唐代创制的三彩瓷和以釉下彩绘闻名于世的长沙窑彩瓷,以及唐钧花釉瓷等,均以其色彩丰富、气象万千而成为古代艺术宝库里的珍品。唐代的彩釉瓷因其色彩绚丽、晶莹剔透、精美绝伦,又历史久远,存世量少,而收藏价值不凡。于是,市场上以假充真的赝品层出不穷,收藏者务必认真鉴别,谨防上当。

唐代三彩瓷钵

　　鉴识唐三彩、长沙窑彩瓷以及同期的单色彩釉瓷器,总的说来,可以从以下几个方面入手:

　　首先是看胎质。唐代彩釉陶瓷所用的胎料一般是两类。一类系白中泛红的藕粉陶胎或白中泛青、听之声音清亮的坚硬钢胎;另一类胎土则色泽较深,泛暗红、褐色或褐紫色,后期色又多灰黄和灰青。胎质和色泽因窑口不同而有异。一般来说,前期胎质较粗松,后期胎质较细密,但总体来说还是较粗松的。后期瓷胎可略见糯米光泽。"唐三彩"多为藕白色的半瓷半陶胎,胎质更加粗松。单色彩釉器的胎则因窑口不同而异。由于唐代淘胎技术尚不够精细,因此,放大镜下在胎质中常可见黑色铁质颗粒。另,唐器多是出土器,器物上一般应有土沁。在露胎处滴水后可见被迅速吸收,并能嗅到一股土香气。对于滴水不吸收,或毫无土香气者,一般都是伪品。

　　再看釉面。这是最重要的。三彩器一般上的是红、绿、白三色,其实,当时制品有多种颜色,红、黄、白、绿、褐、蓝、黑均有,其中加有蓝彩的为高档品。唐三彩的动物,凡有蓝彩、张嘴、动态、抬头、腿部有拉毛者为上品,较之

唐代三彩瓷残片

没有这些的要高一个档次。但一般都由三色组成。单色釉有黄、蓝、绿等。无论是点釉或刷釉，釉色均呈自然的流淌状，色与色之间过渡自然，且呈晕化之状。即便单色釉，也不是一块色，在流淌之中还应有深浅不同的晕化过渡，这一点非常重要。唐代的釉都是又薄又硬，肥厚的就不对。釉面一般均有细小的开片，呈鱼子纹状。肉眼看不到，须用放大镜细看。但如在一米之外即可看到开片，此器必定是后仿之物。这些开片，细密整齐，呈左右走势，有极强的玻璃质感。早期的彩釉器上，还可看到纹片四周有轻微上翘的爆裂状，有爆釉现象。到晚唐时期，由于烧造技术更趋成熟了，像长沙窑的晚期制品，可无爆釉出现，但也均有鱼子纹开片。唐器上，也有没有开片的，如邢窑之器，即可无开片。因此，对于开片现象不能一概而论，而应综合鉴识。另外，唐代器一般都是出土器，因此，在开片纹中一般都可见到土沁和腐蚀的痕迹，而且，这种自然产生的侵蚀之痕，散布自然，有多有少，不像仿制出来的侵蚀痕是死板的，不自然的。

由于当时上釉用铅作黏结剂，经过千百年时间，铅都跑出来了，因此，釉面应呈有铅银现象，一般称之为锡光。这是重要特征。这种"宝光"，用水洗了，仍然会有。另，当时烧造，胎体水分掌握不好，特别是在一些单色釉器上，烧成后的器物胎体上常会出现一些横向细小裂纹，状如蚯蚓走泥，透过薄薄釉面，仍可看到被釉填充了的一条条蚯蚓走泥纹。这也是一个重要特征，有比没有好。

鉴于上述情况，我们在鉴别"唐三彩"时，可以归纳为简易的六招方法：一、看垂流。真品的釉彩垂流呈沙滩状，平整而无凸起。仿品则有水滴状凸起。二、看釉面。真品施釉又薄又硬，釉面有一种柔和的光泽，就如流汗后皮肤的油质光泽。三、看开片。真品一般均有细小的开片，但需在放大镜下方可看到，若开片很大，很远即可看到，即

唐三彩骑俑

唐三彩瓶

为仿品。四、看分色。真品各色在流淌中，其边缘必定自然
地互相交融在一起。五、看底面。真品为藕白色，半瓷半
陶，平底，低温烧造，烧制温度在850℃—950℃之间。过
白过细，窑温较高，胎质细密，有圈足，都不对。六、看锡光。
真品釉面上都有铅银现象，放大镜下能见到"锡光"，这
是唐彩瓷真品的一个重要特征。

　　唐三彩产地一般认为是以河南巩义的黄冶村窑为
主，但后来考古发现在陕西铜川、河北内丘、四川邛崃、山
西浑源等地也均有生产。产地虽不一，但鉴定方法是一样
的。仿品唐三彩的胎质常过细过白，胎壁一般偏厚，胎体
过重。仿器施釉常显厚、显干燥，或有"贼光"。仿品也可
有开片，但一般较大，难出鱼子纹状，且纹线较长，呈上下
走势。仿品釉色较为单纯，无流淌或流淌不自然，无晕化，
或过渡生硬。釉面无铅银现象，或以硫酸腐蚀，制造假的
宝光效应。

唐三彩鸳鸯形器

唐三彩人物俑

下面谈一下长沙窑彩瓷的鉴定。在唐代彩瓷中，长沙窑彩瓷在中国的陶瓷史上有着特殊的地位。它始烧于初唐，兴盛于中晚唐，终结于五代。长沙窑彩瓷的出现，代表了中国陶瓷从注重釉面装饰到注重釉下彩绘的审美追求的一种新的发展。它还是当时最著名的一种外销瓷，满足了当时外销出口的需要。这也是中外文化交流的一个实证。因而，从形制到装饰，长沙窑除了展现出中国古老的文化以外，也融合了很多西域的阿拉伯文化和印度文化的艺术元素，这些在鉴识中要充分地予以关注。

从胎质的角度看，早期制品胎质较粗松，呈灰黄、暗红或青灰色。中期以后胎质稍坚硬，色呈深灰或浅灰。胎体一般显粗厚。但壶罐类制品相对显轻薄，且在内胎壁有瓦棱状的轮旋纹。仿品常忽略这一制作特征，且胎壁往往做得过厚，胎体显重。仿品在这方面常把握不好，不是过粗，就是过细；胎体不是过重，就是过轻。

长沙窑彩瓷施釉，早期为米黄、姜黄，中期以后青色加重，为青黄或青绿。壶罐的外壁施釉不到底。为绘画需要，在胎釉之间，均施一层薄薄的化妆土，然后在上面作画。仿品常忽略这一点，不施化妆土。和唐代其他彩釉瓷一样，长沙窑彩瓷釉面大多有流淌现象，且在放大镜下均可见布满器身的细小的鱼子纹开片，开片内可见腐蚀之痕和个别爆裂之处。壶类器的短流口沿和模印贴花的折角之处应有爆裂现象，这也是长沙窑真品的一个重要特征。仿品常把开片做得偏大，过分明显，开片中不见腐蚀痕迹，短流和贴花的交棱处没有爆裂现象。另，仿品很难做出胎裂现象，常以釉裂纹来冒充之。有的刻意做出，可以看得出人工的痕迹。真品棕眼自然，大小不一。仿品常无棕眼，或以人为做出。除此，还要注意形制造型的大小范式、比例协调，以及做工的精细程度等等。凡遇刻意精工之作，就要小心，因为，古代瓷器制作技艺娴熟，制作过

唐代长沙窑釉下褐斑贴花壶

唐代长沙窑壶

程随心所欲,瓷品反而有粗糙厚薄不均之态。再者,现在仿造技术高超,即便所有特征都对,也要看看是否有真正的老旧痕迹?是否有人为的痕迹?不然,就容易打眼。

还有一点,长沙窑的釉下彩绘创意独特,线条灵动;模印贴花刀功熟练,刻画生动。这是最难仿制的,仿品常在这些地方露出马脚。仿品的褐彩模印贴花人物常常是褐彩淡而无力,人物形态呆滞,刻画线条模糊,形象缺乏精神。人物的衣褶之处也不见剥釉现象。

在唐代彩釉瓷中还有一种花釉瓷,也叫唐花钧或唐钧,是钧窑的前身。以黑釉、黄釉或白釉为底釉,上施蓝斑、褐斑、月白斑、绿斑等彩釉作装饰高温烧成。这种彩釉瓷多产于今河南段店村鲁山窑。鲁山花瓷创烧于唐代,终烧于元代。这种花瓷也在河南的黄道、禹县和内乡,以及陕西耀州、山西交城等窑口有生产。识别方法为,一、仿品蓝色过蓝,白色过白。真品蓝、白柔和。这是由于所用原料不同所致。二、仿品造型和淋釉技术仅得其貌。真品造型精巧,淋釉潇洒。三、仿品修坯、修足或过于精细,或失之呆板。四、和其他唐代瓷一样,器身均有后期开片,且开片中均有侵入杂物,仿品则少有开片。须仔细辨别,凡发现有一处不对即可否定。

再讲一下,在唐代白釉器中,以邢窑为首,另外,巩县窑也有烧造。这两个窑的胎釉还是有一些不同。巩县窑和邢窑的区别有以下几点。一、釉色:邢窑白度纯正,釉色细白如雪,转角处微发青色,这也是邢窑的一个独特之点;巩县窑白釉偏黄偏青。二、胎质:巩窑较粗,而邢窑则瓷实细腻。三、滋润度:巩窑施釉较薄,邢窑则厚而滋润。

唐代鲁山窑釉彩斑执壶

唐代鲁山窑淋釉壶

明清德化白釉佛像鉴识要点

　　德化窑,地处福建戴云山区的德化县,以烧造白瓷著称于世。因为地处福建,故它所烧白瓷,也被称之为"建白"。德化窑起源于晚唐到五代,振兴于宋代,至明清达到了它的隆盛之境。在历史上,福建德化县与江西景德镇、湖南醴陵曾被并称为中国南方的三大瓷都,可见它在瓷业界所占地位的重要。尤其是在明清时期,德化窑所烧造的白瓷佛像,历来为收藏界所看重。特别是明万历年间瓷塑大师何朝宗所制的白瓷佛像,更是享誉世界,为世界各地的博物馆所争相收藏。哪怕明知是晚清和民国初的仿品,也在所不惜。据说,何氏当年所制佛像也就200件左右,而欧美各国博物馆、艺术馆及私人所收藏的形神逼真的瓷雕佛像已逾2000余件。现下市场上出售的德化窑瓷塑佛像众多,不少佛像背部还盖有"何朝宗"字样的印鉴,但这些,绝大多数是仿品。如何去鉴真? 可从以下几个方面入手。

　　德化瓷塑佛像一般均采用模制。传统工艺的制模与现代工艺的制模其方式是不一样的。1934年以后,出现了注浆一次成形的新工艺,而在明清时代则采用坯体脱模。传统制模,模具一般被分解为头部、身体和底座三个部分,各部分又被分别切割成前后两个片块。由于是合模制作,一般高度在10厘米以上者,除头、手等部件系合模后插入外,内里应是透空的。即使有底,底也有明显的连接痕迹。如发现内里中空而底部封平或封平后又开小孔者,则必定是采用现代注浆工艺成形的仿品。真品用合模制作,模子的连接处,必然留有挤压瓷泥调整的痕迹。明代艺人常用手捺,在内里可见指捺痕迹。清代以后除手捺外又常可见以刀具推挤的痕迹。也有仿品为掩盖注浆之痕,在内里过多涂泥,造成胎体过于厚重。而真品厚薄适

明晚期何朝宗制德化窑白釉瓷塑观音像

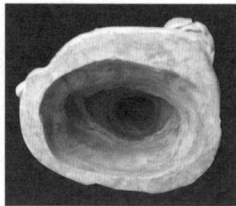

清代德化窑白釉瓷塑观音像（右为内底）
高 30cm，底 13cm

中,内空适体。因此,佛像上手后,除注意其模接方式外,凡分量过轻或过重者,均要存疑。

由于古代烧制技术不如现代,特别是明代的作品在烧成后,常在作品的下部或背部留有一些窑裂之痕。因此,凡无窑裂又从头到脚完美无缺者,即可存疑。有些仿品,故意制造假裂痕,则可从裂缝的自然与否和缝内有无流釉等方面去辨别。真裂裂口自然,而且缝内无釉。假裂则反之。

鉴别真伪很重要的一点是看胎釉。德化瓷对泥土的加工十分严格。泥土需要经过精细的淘洗及长期放置,甚至有放置长达 40 年的,才会被使用。因此,胎质致密,透光度十分良好,俗称"糯米胎"。但,由于是人工淘洗,再精细,在放大镜下也能见有微小颗粒。而现代淘洗使用机器研磨,瓷土呈粉末状,因此,如遇胎质过分精细者,要慎重。明代德化窑白瓷的釉水系独具特色的乳白釉。这种釉色,匀薄纯净,光润明亮,乳白如凝脂,对光照看,釉中隐现乳白或微透粉红。透粉红者,犹如小孩的脸,因此也叫"孩儿红",尤其名贵。因此,明代德化窑的白釉也被称为"猪油白"、"象牙白"、"中国白"等美称。到了清代至民国初,因原料配比发生变化,釉色在白中微闪青色,但仍然是光润明亮的。现代仿品的釉色常作乳黄或米黄,且滋润度较差,没有玉质感,仔细观察,容易鉴别。据此也可以鉴别明清德化窑的其他产品。明代德化窑瓷釉色白润清亮,在白中微微透黄,这里有个度,过黄的就不对。清代以后,釉色就白中闪青灰,与明时有明显区别。民国以后,青灰之色愈甚。新品釉色白者过白,黄则灰黄,更主要的是毫无韵致。根据釉色,结合其他特征,大致可以判断鉴识器物的真伪。

鉴别是否为大师之作,虽然不能仅据印鉴而定。但明清德化瓷雕大师的印鉴有一定的制式,因此,了解不同大师印鉴的特定制式是鉴定德化瓷的重要内容。而且,真正大师的印鉴常常反而显得模糊不清,若遇特别制式的印鉴且十分清晰者,须小心对待。在胎釉、制法均验证过之后,要特别考察作品的造型和神韵。明代大师的创作,人物比例非常准确,面相丰腴圆润,神情生动如生,仪态慈祥善良,刀法圆熟流畅,衣褶处理飘逸如真,几乎挑不出一处毛病。何朝宗所塑观音还有一个特点,即观音的大脚趾特别肥厚,手指必是兰花指,鼻尖下垂而肥;清代大师的瓷雕人物,上身稍显瘦削修长,面相上以长圆见多,五官神韵也较明代稍逊。衣褶绥带的做法与明代也有不同,明代是贴身的,到了清代,则改为悬空飘动,如行云流水,应该说这是一种发展创新之举。仿品则最易在这些方面露出马脚。除了胎釉和工艺制作外,造型和神韵是令仿制者造假时最为感到头痛之处。因此,凡遇附件插装生硬,造型欠佳,雕刻粗糙,仪态呆滞,韵味索然之品,十有八九系仿品。还有,明清大师所塑佛像一般尺寸都不大,凡遇有高于 30 厘米的佛像,须小心鉴别。

明代德化窑白釉狮首纹堆塑香炉

明代德化窑釉色白润清亮,在白中微微透黄。与清代后白中闪青灰者有明显区别。

清代德化窑白釉花卉纹堆塑水盂

第三讲 宋代汝窑、官窑、哥窑瓷鉴识要点

宋代汝窑瓷鉴识要点

在宋代的五大名窑中，汝窑列于诸窑之首。其原因就在于汝窑所烧造之瓷专供北宋皇宫使用，因而在制作工艺上特别讲究，产品质量精益求精，非上乘而不取。它既继承了隋唐釉下刻划和堆贴的工艺传统，又吸收了越窑的施釉工艺特点，还借鉴了定窑成熟的印花技术和耀州窑的支钉托烧技法，创出了汝窑特有的印花青瓷风格。加上它在瓷釉中掺进了玛瑙末，烧成后色彩丰富，为青瓷诸窑中所独有。

汝窑因宋时的汝州而得名。宋元以来，在汝州地区民间烧造民用青瓷的有不少窑口，主要有宝丰窑、临汝窑、新安窑、宜阳窑、禹县钧台窑、内乡大窑店窑，以及黄河以北的焦作窑、鹤壁窑、安阳窑等等，这些窑口，规模不一，烧造技法和装饰风格也各有特色。但为后人推崇备至的御用汝窑瓷器则只在宝丰县的清凉寺窑烧造。御用汝瓷烧造时间短，前后仅 50 年左右。因是供皇宫专用，质量要求极高，凡不合格之品，一律打碎，就地埋藏，因而，存世物品极少，所存下的就是珍品中之珍品。据统计，目前世界上存留的宋代御用汝窑瓷总共也不过才 70 件左右。据此可知，现下市场上偶而见到的所谓宋汝窑瓷，真品的概率是极低的，购买时须慎之又慎。这一点，收藏者务必保持清醒的头脑。

那么，如何去识别真正的宋代御用汝瓷以及其历代的仿品呢？下面对其鉴识的要领作一简单介绍。

一般的初步目鉴也就是从胎、釉、形制、装饰工艺等几个方面着手。汝窑的胎一般都是所谓的"香灰胎"，即

宋代汝窑天青釉碗

宋代汝窑三足洗

宋代汝窑莲花碗

宋代汝窑瓷残片

宋代汝窑天青釉洗

胎色如燃过的香灰,灰中略带点黄(也有一些是土灰色),胎质细腻但不够坚硬致密,制胎较厚实,击之声音较低。釉面以天青色和蓝灰色的乳浊状为主,内外均施满釉,薄而均匀。釉面是亚光的,可见细小的鱼鳞状或冰裂纹的开片,棕眼处可见细小的蟹爪纹。因为釉中有玛瑙末,因此,在釉面迎光可见一层微红色,釉薄处可隐见羊肝色。若在明亮的光线下,从侧面稍作摆动着看釉面,可见釉面上有点点气泡,稀疏、细小(也有少数大如星斗的),"寥若晨星",就如辽阔天空中有几颗星星在闪烁。一般来说,器物下部较之上部气泡相对显多。但这只是釉面表层所见,如能从其断面看,在釉的中、下层接近胎体的地方,则有一层参差不齐、大小不等的气泡,用肉眼就能见到。形制上须符合宋代瓷品的常规制式,大多数系仿照古代青铜器的形式,盘、洗等物的圈足常是卷曲外撇成八字形。制作工艺以模制为多,因此,形制规正,较少雕饰,绝大部分器物为素面无饰加"圆唇"。一般都采用支钉烧法,支钉数在 3 到 5 枚,不会更多。"台北故宫博物院"藏汝窑水仙盆有 6 枚支钉,可能是个特例。一般来说,超过 5 枚的很可能就是仿品。支钉状如芝麻或小米粒,通常,支钉处有白色泥块残留,因此,看到的是白芝麻和白小米粒。

在这些都得到肯定之后,还要作进一步的辨别。最重要的一点就是看其有没有玉质感。真正的汝窑器玉质感极强,釉面是亚光的,这是汝窑器有别于其他窑口的一个重要特征。因为玛瑙入釉,温度高了胎容易玻化,故而,为了追求玉质感,汝窑器在烧造中温度相对偏低,以便降低胎的玻化程度。胎釉上的一些特别之处可作为鉴识的依据。由于烧造温度偏低,胎的玻化程度不高,因而有微生烧现象,胎质就不如同期的越窑、定窑、龙泉窑来得坚硬致密,而相对显得疏松。为了保证其牢固度,胎体就做得相对较厚实。如是有残之器,则可在断面看到胎质较干枯和发涩,有许多间隙和空洞,若用少量的水抹上,可见很快就被涩胎所吸干。若反之,则就是后仿之品。

有研究证明,宋代御用汝窑用的是高石灰釉,烧成温度不超过1220℃,因为超过了就得不到玉质感,而且釉会产生流淌。迁就了釉面,胎就不能完全致密化。于是,在不同的烧成温度下,釉色的呈现状态就不同:烧成温度在1050℃—1100℃的月白釉釉面呈完全失透感;烧成温度在1100℃—1200℃的粉青釉釉面玉质感最强;烧成温度在1200℃—1230℃的天青釉则开始出现玻璃质感。根据釉面玉质感的强弱,对应各种釉色的烧造温度,参考上面几方面的鉴定要素,即可大致判断是否为真正的宋代御用汝窑瓷。笔者有两片出土于清凉寺窑址当年被砸碎的汝窑残片。胎均为香灰色。釉色一是近天青色,另一是青上微泛点绿。泛绿的残片釉面光润,釉面迎光可感到有玛瑙微红色。虽有细密的冰裂纹开片,但釉面稍感有玻璃质感,玉质感弱了一点,釉下可见较多的气泡,可见当时的窑温稍高,在1230℃左右,不合皇家的要求。我想,这可能就是其当时被丢弃的原因。近天青色这块,釉色有点失透,有点玉质感,但不强,说明窑温稍低了点,在1100℃上下。气泡寥若晨星,但开片不如前者,没有能出珍珠状或冰裂纹开片,也达不到要求。这也许就是它也被砸碎丢弃的一个原因。可见当时挑拣之严。

历来都有"汝官不分"之说。这个"官",指的是"北宋官窑"。现已探明,所谓的"北宋官窑",指的是离汝窑(宝丰清凉寺窑)仅30千米的汝州张公巷窑。两个窑创烧时间,汝窑在北宋晚期,50年后即终止了。张公巷窑创烧也在北宋末,比汝窑稍晚,到元代终烧。两个窑的制瓷风格相近,有时难以区分,但两者也有明显区别。有研究报告称:一、汝窑器釉色为纯正的天青色,而张公巷窑釉色显得浅淡些,釉面玻化程度高,手触有光滑感。开片细碎、

宋代张公巷窑青釉碗残器

明显。二、张公巷窑胎体较汝窑要薄,胎色泛白,不是香灰色,而是灰白色。三、汝窑器圈足呈八字形,而张公巷窑多为平直圈足。支钉呈圆形小米粒状,数量略多,双单数都有,而汝窑支钉呈芝麻状,作单数,一般不超过5枚。四、形制上也有不少差异,张公巷窑的一些瓶类器造型与汝窑有差异,不少方口、菱花和四方平底的盘、洗类器为汝窑所未见。

宋代汝窑瓷残底

　　汝窑器因其名贵,自宋元起即有仿烧,至明宣德,清雍乾年间达到高峰。明清仿品,多署当代年款。明代仿品釉色偏蓝,釉开片较明显;器形与仿造时代一致。清代细致程度胜过于明代,一般也署当朝年款。修胎讲究,胎体灰中泛红褐色,露胎处均以红褐色釉水涂抹;釉面清澈透亮,与宋代汝瓷质感不一样;造型繁多,且大小悬殊,易于识别。总之,明清的仿品,由于制瓷的审美观念不一样,还是较好辨识的。

宋代张公巷窑瓷残底

　　现今随着收藏热的升温,仿烧尤盛。所不同的是明清仿烧在景德镇御窑厂,而现今在河南汝州、禹州和宝丰县等地的民间窑场,因此,仿品也越来越差,这倒也降低了鉴识的难度。现代仿品既仿釉色,又仿造型,多数用注浆模制法制胎,胎壁偏薄,质地过细,没有宋汝瓷胎骨中的那种间隙和空洞现象;胎色偏白,或黄色调过重。迎光观察釉面不见真品的微红色。釉色透明,有较强的玻璃光泽。开片也不是珍珠状,而是呈直线网状开片,开片不够干脆,过于隐约,有的线条过硬。造型不是过大就是过小。有的釉面气泡密集。以上情况,如见其一者,即要慎重。

宋代官窑瓷鉴识要点

　　所谓宋代官窑瓷,应是指北宋官窑和南宋官窑的统称。据研究,北宋官窑(也称汴京官窑)的窑址就是在河南汝州发现的张公巷窑遗址。该窑与烧造汝窑瓷的宝丰清凉寺窑相隔仅30多千米,同属汝州之地,创烧年代也同在北宋晚期,只是官窑比汝窑晚一些。历来有"汝官不分"之说,我以为,说的就是此两窑之瓷。南宋官窑产生于北宋灭亡,皇室迁都杭州建立南宋小朝廷之后。南宋王朝在杭州先后修建了修内司窑和郊台下窑,专为宫廷烧造官窑瓷。由于皇室南迁时,大批烧制汝瓷的艺人、窑工为避战祸,也跟着南迁,来到杭州和龙泉等地,大大地促进了南方瓷器的烧造。正因为有了这批汝瓷艺人的加入,我们在南宋官窑的烧造中,可看出其与汝窑和北宋官窑之间的某种传承关系。因此,可以说,南宋官窑的烧造,是在继承了汝窑和北宋官窑瓷的某些工艺,并吸收了越窑和龙泉窑的一些特点,运用本土的胎釉原料创烧而成的。所以,在南宋官窑器上,既可看到汝瓷工艺的影响,如造型端庄简朴、釉质浑厚;又可看到越窑和龙泉窑工艺的特点,如薄胎厚釉、釉面莹润、造型精巧等。通常说宋代五大名窑中"官窑",一般指的是北宋官窑和南宋官窑的合称。但北宋官窑烧造时间太短,存世品又太少,因此,这五大名窑中的"官窑",我以为主要应是指南宋官窑。

　　和汝窑瓷一样,官窑瓷也属青瓷类瓷。由于宋代官窑器专供宫廷使用,产品要求精益求精,不合格的产品就地砸碎,生产工艺秘不外传,又规定民间不得仿烧,因此,传世之品极为稀少。现存的极少数传世品几乎都是清宫流传下来的。现在,杭州的南宋官窑博物馆内也没有完整器,馆藏之品都是由碎瓷拼接而成。因此,收藏官窑瓷先要了解这类瓷品的留存现状。当下市场所见,可以说几乎没有真品的可能。即便对某些拍卖公司的拍品，也要多一份谨慎小心。因此，在收藏宋代官窑瓷上，首先一定要克服侥幸的拣漏心理。

要鉴识官窑瓷，还是要从它的胎釉入手去进行辨别。北宋官窑与汝窑的烧造差不多同出一地，在创烧时间上几乎是先后衔接的，同是皇家的专用窑，可以看到其间的承接和发展。所以，这两个窑口的瓷器胎釉特征和工艺特点虽多有相仿之处，但还是有差别之处的。北宋官窑的胎骨与汝窑相似，但较汝窑器要薄些。胎质细腻坚实。胎色一般作灰白色，也有粉白、深灰的。由于北宋官窑器胎质中含铁成分比汝窑要高，因此，也有一些胎体呈紫灰色、紫褐色的器物。北宋官窑器一般都用正烧法，以平直圈足露胎者为多。也有少量是满釉裹足用支钉支烧的。其支钉与汝窑的芝麻粒状不同，呈圆形的小米粒状，支钉数量也较汝窑器多，3、4、5、6枚都有，既有单数也有双数。

北宋官窑的施釉较厚，釉质精细，釉面光润，成乳浊状，有玉质感。由于烧造温度比汝窑稍高，故釉面的玻璃质感较汝窑要稍强一些。釉色以天青色和淡雅的青绿色为上品，尚有粉青、翠青和月白等多种。釉面上都有较稀疏的开片，开片呈浅黄色，这是这个窑口所独有的。为了使釉面成色更加美观，胎釉结合更加牢固，在施釉前，常在胎骨上先刷上一层深酱色的护胎釉。凡刷护胎釉的，烧成后，底足露胎处就显出酱黑色，而口沿处由于流釉缘故也呈现出浅紫色，这就是我们通常所说的"紫口铁足"。这一方法也一直延续到南宋官窑。

北宋官窑的装饰与汝窑相仿，大多数是素面无纹的，个别器物上有弦纹装饰。器型多数是仿古代青铜器而制作，造型比汝窑要多些。主要有盘、碗、瓶、壶、炉、尊和一些文房用具之类。这一点，与南宋官窑也差不多，但瓷品又比南宋官窑要显得古朴浑厚。汝窑和南北两宋官窑均

南宋修内司官窑盏托残器　杭州博物馆藏

南宋修内司官窑鬲式炉残器　杭州博物馆藏

罕见大件器物，所见的传世品一般都是小件器。

南宋官窑在汝窑和北宋官窑的基础上，于宋王朝南迁后对官窑器的烧造又进一步发展。无论是在胎釉和工艺上，都可以看到这种承接和发展的关系。南宋官窑器的胎骨，因为加入了杭州当地所有的紫金土，胎质虽也比较细密，然较之北宋官窑要显得差些，里面杂质较多。加上这种土内含铁成分高，又有烧造温度不同等的原因，胎骨的色相也较深，胎色有紫灰、黑灰、黑褐、黑色等多种。南宋官窑多为黑胎，凡垫饼烧圈足露胎的，一般都可看到"紫口铁足"的现象。除了垫饼烧的以外，支钉烧的器物底足也可见棕褐色支烧痕。晚期用垫饼托烧的也见有一些灰白色胎的，这种胎上常刷以酱色护胎釉，因此烧成后也有"紫口铁足"的效应。早期南宋官窑与汝窑一样，采用支钉托烧，但支烧痕呈圆形，数量也比汝窑器多，大器可达到 20 个，而且单双数都有。晚期多采用垫饼托烧。

在施釉上，早期南宋官窑多薄胎薄釉，晚期多薄胎厚釉。厚釉器施釉多至几层甚至十几层，釉的厚度甚至超过胎骨。釉色以粉青为主，也有青灰、青黄、灰绿、黄绿和炒米黄等色。釉面有开片，以蟹爪纹为主，也有冰裂纹等，大多是较稀疏的浅黄色开片。在开片中以暗红色的所谓"鳝血纹"为上品，黑色的"梅花片"次之，墨纹再次之。30 倍放大镜下可见釉面下有遍布全器的密集气泡，大小不等，罕见大气泡，如细小的串珠紧密聚集在一起一样。

南宋官窑器均属皇家所用，器型极其严谨规范，追求精致，不可越规。一般均是仿古代青铜器形式而制作，形制尺寸都有严格规定。大件器物较少见，所见大都是小型器物，如盘、碗、瓶、炉、洗和文房用品等。

鉴于上述制瓷特点，要鉴识南宋官窑器，就必须先看胎质。市场上可见到一些黑胎的仿官窑器，但这些仿品虽黑胎相似，而胎质常显粉状而过于细腻，不像真品因含杂

南宋官窑残片（正）

南宋官窑残片（反）

此残片黑胎施青釉，胎质细中见粗，开片呈鱼鳞状，釉区滋厚，有玉质感。

南宋官窑瓷碗底残片
（一）

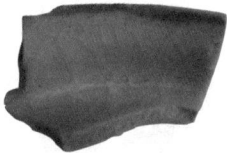

南宋官窑瓷碗底残片
（二）

质较多反而显得粗糙，在酱色的露胎处，可见点点黑褐色斑状色块。所以，凡在露胎处不见点点黑褐色斑者，就要小心。真品胎质呈糯米状，仿品胎质常无法做出糯米状。因为缩釉，真品有棕眼，棕眼呈自然状态。仿品常无棕眼，有的也不自然。因为宋代制瓷追求玉质感，因此，首先要看器物釉面有无玉质感。真品视之如青玉。因为要追求玉质效果，釉面玻璃质感不强，釉面润泽，呈亚光乳浊状。因为烧造温度不高，整器击之声音较低。仿品这一点上是最难做到的。所以，凡器物无玉质感者，就须谨慎待之。出土器在开片之内可见有土沁深入肌理。仿品也可做出与土沁的相似的颜色，但在放大镜下常可见土沁都是浮在表面的，做得好的，也可有侵入较深的，但不自然、不均匀，认真细看，不难识别。真品器形规正，形美而又有沧桑之感；仿品在这一点上常无法达到，尤其是不能传递出历史的沧桑之感。常说南宋官窑的胎质因有紫金土掺入，故胎色应是黑色的。但实际状况，据考古发掘，南宋官窑的胎色除黑色外，尚有灰黑、浅黑、土黄，甚至白色。因此，所谓的"紫口铁足"也是因器而定。在好多官窑器上并不能见典型的"紫口铁足"。在鉴识时不能执着于一端，就急于否定全盘，还是要全面地进行考察。

南宋官窑在元代时还有延续，在杭州的老虎洞窑就发现有元代器的残片。元代器从器形和工艺均与南宋器相类，只是精细程度和玉质感不如前朝，釉色出现偏黄的器物，这些在鉴识时要注意区别。

对于官窑器，明清时就有仿制。当时的仿品，一般胎色较白，即便有深色胎，也是涂色所致。施釉薄而透亮，开片过于规正。明清仿品慕官窑之美，因此，虽与官窑真品有别，但制作精良，也自有其独特的审美价值，同样值得收藏。近代以来的作伪之品，或工艺粗糙，或过于精工细作。真品因施釉厚，在形制上反而显得不够规整。伪品做不出玉质感，没有灵气。另，真品官窑器，都朝贡皇室，次品在烧造时就全都打碎填埋，因此，社会流散只是极少数。在收藏时要了解其流传状况，务必谨慎小心，勿为所骗。

现代仿南宋官窑渣斗

元代老虎洞窑鬲式炉残器　杭州博物馆藏
高 10.5cm，口径 15cm，腹径 15.9cm

现代仿南宋官窑渣斗底面

此渣斗黑胎过细，施釉太薄，釉面干涩，没有包浆，无玉质感。开片过细密，少变化，系人工做出。片纹中土沁也系人工所为。

元代老虎洞窑套盒残器　杭州博物馆藏
高 9.2cm，口径 17.5cm，腹径 19.1cm

宋代哥窑瓷鉴识要点

　　哥窑瓷,是青瓷的一种。最迟从元代起,哥窑已被列为
宋代的五大名窑之一。然而,这只是从文献意义对哥窑的
一个定位。从传世和出土的情况来看,也确见有哥窑瓷实
物留存。问题是到目前为止,哥窑的确切窑址至今尚未找
到,或者说尚未被确认。一说是在龙泉大窑附近的溪口一
带,一说是在杭州的凤凰山一带,众说纷纭,莫衷一是。20
世纪50年代中期,在对龙泉大窑一带的考古发掘中,曾发
现一些有开片的黑胎青瓷器。由此,学界引出两种意见:有
人认为,这就是文献所说的哥窑瓷,即所谓"琉田哥窑";
也有人说,这种制黑胎用的紫金土系由杭州运来,所做的
应是仿官窑之作,而非哥窑瓷,哥窑瓷应是另有生产之处。
所以一直以来又都有"官哥不分"之说。这种争议,一直到
现在也未有定论。对于哥窑的产生,也有种种传说,流传最
广的即所谓章生一、章生二的哥、弟两窑之说。仔细推敲,
这种种传说有附会之嫌,不足为信。总之,哥窑的产生,至
今还是一个未解之谜。但是,尽管哥窑的窑址尚待确认,哥
窑的产生尚待研究,但世间留存了不少宋代哥窑瓷以及
后世仿宋哥窑瓷的实物却是一个谁也不能否认的事实。因
此,对于收藏者来说,重要的不是哥窑研究,而是如何准确
地去识别哥窑瓷。

　　要辨识哥瓷,恐怕还是要从哥瓷的胎釉特征、装饰特
点、时代风格和老旧痕迹等几个方面去进行鉴别。

　　首先要明确,宋代哥窑瓷流传于世的数量极其有限,
在明代已是极其珍贵之物,因此,在明清各朝已有官方的
仿制之物出现。现下能见到的有限的传世哥窑器,大都收
藏在北京和台北的故宫博物院、上海博物馆,此外国外也
有一些收藏。流落到民间的应是微乎其微的极少数。因
此,在收藏哥窑瓷上,千万要克服侥幸的拣漏思想,毕竟,
在一般的收藏品市场几乎可以说是无漏可拣的。

　　鉴识哥瓷还是要胎釉特征入手。哥瓷的胎质有瓷胎和砂胎两种,质地特别坚密精细,胎骨颜色一般为深紫灰色。在鉴识上,通常要说到"紫口铁足",因为哥瓷的胎土内(官窑瓷也一样)掺有紫金土,胎色较深,烧成后底部露胎处接近铁色,是为"铁足"。口部因釉水向下流淌,釉薄处就露出紫色胎色,是为"紫口"。实际状况是,"紫口铁足"并非每一件实物都是十分典型的。有的紫口明显一些,有的就不那么明显。至于"铁足"的颜色也不是一

南宋哥窑青瓷葵瓣型盘(上为底面)

南宋哥窑青瓷贯耳瓶

律的深紫灰色。由于胎质的配比不一样,从传世哥瓷上看到的胎色有沉香色、淡白色、杏黄色、深灰色、黑灰色等多种。相比而言,传世宋哥瓷的胎壁稍厚,龙泉哥瓷的胎壁稍薄,胎质稍粗,胎色有灰白和黑灰等几种(一说龙泉的黑胎青瓷为仿官窑产品)。仿品的"紫口铁足"常用色料人工涂出,仔细观察可见与天然烧成不同。哥瓷有的用匣钵装烧,有的用支钉,还有的用垫饼或垫圈垫烧。

哥瓷两面上釉,一般都要上三到四道釉,因此瓷釉较厚,瓷釉的厚度常常要超过胎壁。由于胎釉的胀缩系数不一,釉面就产生开片,这是人工有意为之的结果。哥瓷釉面的开片有大有小,有深有浅,因窑内作用加上人工染色,在深色的大纹线中形成有褐黄色的小纹线,俗称"金丝铁线",又叫"文武片"。这是哥瓷区别于其他窑的一个重要特征。开片颜色,有深黑色的,也有黄色、褐色和鳝血色等多种。开片大小也有不同,大而疏的称"牛毛纹",细小如珠的叫"鱼子纹",大小参差错落的称"百圾碎",此外还有"柳叶纹"等。从传世的实物来看,哥窑瓷器多小开片,如"鱼子纹"、"百圾碎"等,而同期的官窑瓷则多大而疏的"牛毛纹"开片。哥瓷的釉色有粉青、翠青、灰青、月白、深灰、米黄等多种。

鉴识哥瓷从釉面方面主要要看三点:一、釉质细腻,有玉质感,釉面玻化程度不高,不透明(龙泉哥窑玻化程度稍高,也不到完全通透的程度),泛出一种似人面微汗的油光,也称酥油光。这种光色是仿品所无法达到的。真品器物敲之无悦耳的金石声,而是似破碎的"卟卟"声。二、器身上多有缩釉之处,底部尤甚。因缩釉而留下的棕眼状如螃蟹爬过一般,俗称"蟹爪纹"。三、由于施釉厚,层数多,难免有厚薄,有色差,故烧成后易产生窑变现象。以上三点,在鉴识哥瓷时,须重点察看,仔细辨别。

哥窑瓷装饰比较简单,一般没有纹饰,少数器物出现鱼耳和贯耳的装饰。造型大都仿照古代青铜器。有少量创新品种，也符合宋代制瓷的造型特征。一般器形较小，未见大器，因此，若遇大器，须谨慎。

南宋哥窑青瓷碗

仿哥瓷器从元代起就有了。到明清两代官方则大量仿造。元末明初就出现了米色釉的仿哥釉产品。明代仿品显得浑厚沉静，清代仿品则较为浮华亮丽，清器内还可见拉坯的旋痕，现代新仿则没有。明清时因是官方仿造，地点在景德镇，产品质量讲究，民国后到现代，到处都仿，质量就很成问题，容易鉴别。因此，如遇明清仿品，尤其是写上当朝款识的，质优者也是很值得收藏的。一般来说，仿品胎色偏白，现代新仿的胎质较差；仿品釉面过于透亮，有贼光，也有做成亚光的，但缺乏灵气，无法做出酥油光来；仿品开片并非自然形成，系人工填色而就，仿品的"铁足"也系涂上黑褐色釉而做出，仔细看，容易识别；仿品手感常非轻即重，仿造者水平低下，掌握不了真品的分寸；也有的仿造者在器物上涂上油污作旧，这更容易鉴别了。

南宋哥窑青瓷葵花洗

南宋哥窑青瓷鱼耳炉

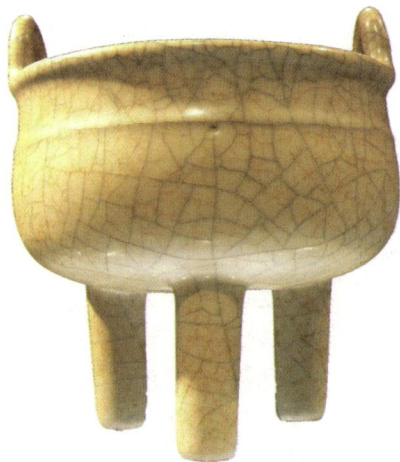

元代哥窑青瓷鼎式炉　杭州南宋官窑博物馆藏

第四讲 宋代定窑、钧窑瓷鉴识要点

宋代定窑瓷鉴识要点

定窑，是继唐代邢窑而起，在邢窑的影响下，一个烧造白釉瓷的我国北方的著名窑口，也属宋代五大名窑之一。此窑原为民窑，北宋年间，因一度烧造宫廷定烧瓷而声誉鹊起。定窑窑址在今河北省曲阳县的涧磁村和东西燕山村。这个地方，在唐宋时属定州，定窑也就因此而得名。其实，定窑的瓷器烧造最早可追溯到南北朝时期，五代时开始以烧造白瓷为主，到宋金年间，定窑发展至鼎盛时期，元代以后逐渐衰落，至明代宣德年间终至落幕。

宋代定窑以烧造白釉瓷为主，同时兼烧黑釉、酱釉、绿釉等所谓黑定、紫定、绿定、红定等彩色釉的定瓷品种。这些彩釉品种是在白瓷胎上罩上一层高温色釉而烧成。

定窑的胎质十分坚密精细，胎薄而显轻，胎色白净而略显微黄。无论白釉还是各种彩色釉，均是如此。定窑施釉较薄，釉薄处能见胎色，白定釉色多数为白中微闪黄色；黑定所上的黑色釉犹如黑漆一般，釉面特别光亮；紫定其实并非紫色，而是酱黑色釉，釉面施釉不太均匀，常出现深浅不一的现象；书载有红定一说，但至今尚未见到实物，所见残片上也只是在酱釉上有红斑而已。因此如在市场见有红定出现，须特别小心对待。北宋早期采用正烧法，因而盘碗口沿多有釉。中期以后盘碗采用覆烧法，为防口部粘釉，因此将施满釉的盘碗在口沿处刮去一圈釉，露出胎骨，烧成后盘碗的口沿就有一圈露胎毛边的"芒口"。为了美观，在一些高档的盘碗口沿上，常镶上金、银、铜质的扣，即所谓"金装定器"。这是定窑创烧的一个独特的制瓷工艺特点。仿品通常采用硬器将口沿敲毛，再涂

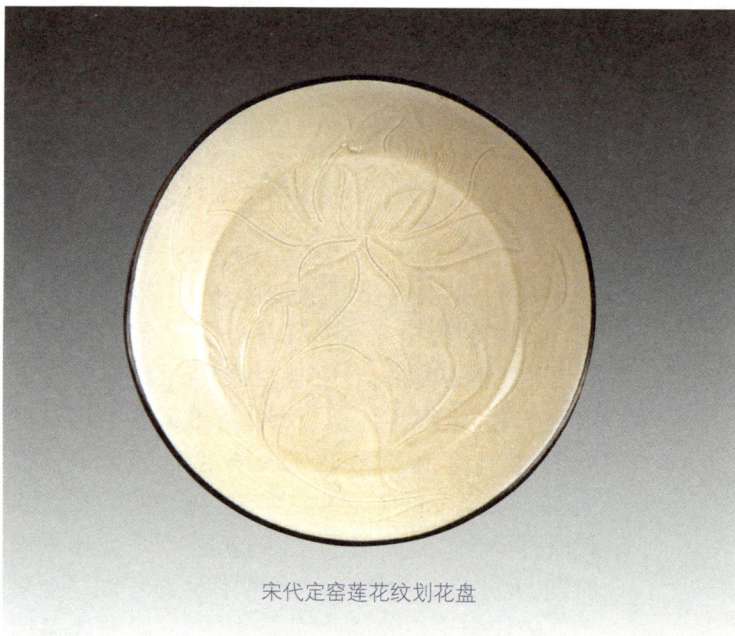

宋代定窑莲花纹划花盘

宋代定窑人物花卉划花碗

宋代定窑白釉印花双鱼
纹器残片

宋代定窑白釉印花双鱼
纹残器底面

以污垢做旧，冒充"芒口"；或者在没有"芒口"的盘碗口沿上也包上包口。仔细观察，容易鉴别。

　　鉴识宋代定窑白釉瓷，从胎釉的角度，一般认为可以从以下五个方面去辨识：一、要有玉质感。宋代制瓷追求玉质效应，以有玉质感的为上品，特别是作为为宫廷烧造的瓷品，更是必须要烧出玉质感来的。因此，一件定瓷器物上手（无论是白定，还是彩色釉定都是如此），首先要看有无玉质感。真品应是釉水莹润，富有灵动之气，就如白玉一般的。仿品因胎釉原料和烧造温度等不易掌握，很难烧出玉质感来。一般都是气韵呆滞、釉色苍白、无玉质感可言。个别能烧出玉质感来，但常见色彩显新，有火爆之感。二、釉色如象牙之白。五代之后，定窑器施釉前已不施化妆土了。所施白釉的釉水为白中闪黄，所以釉面之色呈所谓的"象牙白"色。少数质差的釉为白中微闪灰黄。白定釉面呈半透明状，因为施釉较薄，所以薄处能隐约看到胎色。在器物的折腰处可见积釉呈浅浅的黄绿色。积釉处气泡稀疏通透，大小不一。这也是鉴识时要注意的一个要点。仿品因掌握不了定窑特定的烧成温度，故难以烧出"象牙白"的釉色来。釉色常不是偏白就是偏黄，在器物折腰处也难见浅黄绿色。三、要见"竹丝刷痕"。定窑的制胎工艺中，在胎半干之时，有用竹丝刷子旋修这一道工艺，因此在胎面上就留有一些"竹丝刷痕"。定窑因为施釉较薄，烧成后，在釉薄处透过釉面就隐约可见竹丝修胎所留下的刷痕。这是定窑瓷的一个基本特征，在鉴识时必须特别留意。仿品中常不见这种"竹丝刷痕"。有的做了，但做得生硬拙劣，不够自然，据此可以鉴别。四、釉面常见"蜡泪痕"。这种"泪痕"是由于上釉不均匀，入烧时釉水垂流所致。垂流釉的下部似蜡泪状凸起，球面下部呈浅水绿色。这种"泪痕"只出现在盘碗的外部。有无"泪痕"也成为鉴识是否为北定的一个基本特征。当然,不是每一个定窑瓷都有"泪痕",但有"泪痕"比没有"泪痕"的要容易确认。一般的仿品是较难做出这种"泪痕"来的。五、在宋定的圈足的外围常可看到有手捏和指甲掐的痕迹,这是工匠在施釉时留下的,也是鉴识时的一个重要特征。

定窑到金代,胎釉和工艺上有一些变化。虽然胎质仍洁白细腻,但釉色多呈乳白色。工艺上虽承接了"覆烧法",但又有所变化。即在许多盘碗的内心刮去一层釉,露出胎骨,然后叠烧,这露胎处通常称为"涩圈"。

定窑在宋代时就有仿烧。仿烧的窑口,无论北方或南方各窑的产品,与定窑相比,都是大同而小异的。北方定窑系诸窑虽仿制定窑的制瓷风格,但一般都不采用覆烧工艺。特别是宋王朝南迁之后,一部分定窑工匠也跟着南迁。于是在景德镇等窑口也纷纷仿烧定窑瓷,出现了"南定"、"粉定"、"土定"等诸多仿烧的品种。但这些仿烧品种,由于地域和烧造条件的不同,南方诸定还是有自己各自不同的风格特征。如景德镇的仿定釉色如粉,所以被称之为"粉定";"土定"的胎土较粗,胎骨偏厚,釉色偏黄,釉面有纹片;"南定"烧结温度稍高,故釉面的玻璃质较强,釉色也在白中闪出青色。所有的仿定瓷品,在胎釉特征上,几乎都不见北定的"象牙白"釉、"蜡泪痕"和"竹丝刷痕"三大基本胎釉特征。根据以上的一些特点,可以把真定和仿定区别开来。

宋代定窑白釉刻花盘

定窑器除黑釉器外多数都有花纹装饰。装饰手法从北宋早期到晚期先后有划花、刻花和印花等多种。早期划花系用竹签类工具在瓷胎上划成。所划线条比较细,坡度很小,图像自然豪放。刻花法比划花法出现稍晚。刻花是用刀子在胎骨上刻成的,用的还是"一面坡"的刀法,刻线较宽,坡度大,图像刚劲有力。有时候划花和刻花也常出现在同一器物上。刻划的花纹早期有莲瓣纹、缠枝菊纹

宋代定窑白釉印花大盘
残器

宋代定窑黑釉执壶

宋代定窑酱釉提梁壶
（右下为底面）

和蕉叶纹、回纹等，稍后又出现花果、莲鸭、鱼水、云龙等纹饰，而且在图案一侧常划一细线，以凸出图象的立体感。印花装饰是用模子在胎上模印而成，始见于北宋中期，成熟于后期。定窑所印的图案都是层次分明、线条清晰、繁而不乱的。主要题材以花卉为主，以牡丹、莲花为多，次之为菊花。有缠枝也有折枝的。图案讲究对称。此外，鱼水纹、龙凤纹和各种禽鸟纹也不少。花卉纹常见与动物纹相组合。仿品当然也可仿造印刻上述各种图案，但常见进刀迟疑，线条呆滞，图象木纳。印花的则是形象模糊，章法混乱。真品刻划一气呵成，图象有一种流畅之美，仔细审察，不难识破。

定窑之器中，有极少数是有款识的，如"尚食局"、"五王府"等，还有带"官"、"新官"字样的款，这些都是入窑烧制前刻划在胎的底足上的，一般用楷书体，虽写得不大规正美观，但却表现得自然有力。还有一些和宫廷建筑有关的款，是送到宫里后由宫中玉工后刻上去的，如"奉华"、"风华"、"慈福"、"聚秀"等。

定窑的仿制，从宋到明清、民国、现代一直不断。宋代仿造，其风格自然是宋代的。明清仿品，自有该时代的一些时代特征。近年按照当年图谱所仿烧的一些赝品，胎釉和工艺均难以到位，无论胎质、釉色、分量和工艺等均无法与真品定瓷相比拟。了解了定窑的胎釉、工艺和装饰特点，反复对照真品去审察，是不难将赝品剔除出来的。

宋代紫定印花碗底面

宋代紫定印花碗

宋元钧窑瓷鉴识要点

　　钧窑,是青瓷窑系中的一个特殊窑口,也属宋代五大名窑之列。窑址在河南禹县,该地古称"钧州",因此而得名。钧窑采用含铜的蓝色乳浊釉为釉料,烧制的瓷品以其釉色斑烂夺目闻名于世,尤其窑变彩釉更是魅力无穷,深得宫廷和社会各阶层的人士喜爱。从北宋时开始创烧,到北宋晚期发展至鼎盛。有官窑和民窑之分,有名的民窑为刘家门窑,官窑以八卦洞窑和钧台窑两处烧造的产品最为有名,大量产品专为宫廷烧造。到南宋,该窑以禹县为中心已发展成为当时北方最大的瓷窑系之一。其实,钧窑的窑变瓷釉工艺,在唐代时就已有了。所以,唐代在禹州烧造的花釉瓷,可以视为是宋钧的渊源。宋王朝南迁以后,钧窑经过短暂的沉寂,于金元时期又再度得到复兴。只是自元代以后,开始走下坡路了,至元末就逐渐停止了生产。元代生产的钧瓷,无论胎釉,还是造型工艺,均大不如宋时,变得非常粗糙。这种明显的变化和退步,倒是有利于现下鉴识宋元钧瓷。

　　从胎釉的角度看,宋钧瓷的制作十分讲究质量,所制的瓷胎器形规整,胎质比较紧密、精细,少有杂质和空隙,胎色呈灰白色或灰褐色。与同期其他瓷窑的瓷胎胎骨相比,钧窑瓷胎骨要略显厚重一些,但由于其胎质致密,烧造的瓷化程度较高,叩之声音较为清脆。宋钧的釉色以天青色为主,这种青色常偏向于蓝,因此,有时也称为天蓝色。此外,尚有月白、蓝灰等色。官窑器因运用铜红釉的"窑变"工艺技术,色彩更为斑烂夺目、变化万千。宋钧釉质比较坚密,施釉又厚,因此,器物上釉层显得很肥厚滋润。又因釉厚而造成釉质下沉,这样器物下部的釉就显得更厚。但宋元钧窑釉面都是垂而不流的,是为特征。民窑器较之官窑器施釉略薄,但由于制作精细,修坯严格,施

宋钧窑红斑碗

宋钧窑出戟觚

釉厚薄得当,胎釉结合较好,所以,宋钧一般很少出现流釉、粘足和釉层剥落等现象。宋钧官窑器在施釉时由于坯胎的干燥不当,使釉层产生弯曲的裂痕和缩釉,而在高温烧造时,釉质的流动中,又使之弥合,从而在釉面上形成状如蚯蚓走泥般的弯曲纹痕,俗称"蚯蚓走泥纹"。这一特征,在宋民钧和金元时钧窑器上已较少见到,因此,它已成为鉴识宋钧官瓷典型器的一个重要依据。须说明的是,现代仿品工艺水平大进,已能在仿器上成功地做出"蚯蚓走泥纹",因此,面对这种现象,还是要仔细审察它的其他特征表现,以免因大意而出错。宋钧大多采用施满釉正烧,器物圈足多数无釉,但入烧前常在器底涂上一层芝麻酱色护胎釉。除了少量的盆、洗、盘类器采用支钉烧法外,其他一般均用垫饼法垫烧。用支钉烧的都在器底留下支钉痕记,支钉偏大,宛如绿豆。因为在釉内含有铁质,在焙烧过程中,铁质在化学反应后会在器物的口部及底部釉面出现铁锈色或棕色,使胎质呈显出"羊肝色"和"香灰色"。

金代以后,由于战乱甫定,重新恢复起来的钧窑生产,大量转为民间日用器的烧造。工艺质量明显不如宋时。胎质粗松,胎色发黄。修胎马虎,修刀痕、轮指痕残留胎体也不加修饰。产品不规整,极少用支钉烧法,一般均用垫饼烧法垫烧,圈足均为直足。釉色以天青、天蓝为主,窑变釉色不够自然,少变化,流动小,显得板滞。到元代更是每况愈下。元代时钧瓷生产追求数量却忽视了质量。胎骨厚重,胎质更为粗糙疏松,常见里面有砂眼和砂粒,器物给人以一种笨重之感。胎色多为土黄色,也有少量为深灰色。从胎骨看,土黄色的年代要晚于芝麻酱色的。宋元钧窑器尽管胎骨较厚重,但手感太过沉重也就不对。元代施釉一般为浅淡的月白色,也有部分天蓝色釉的。釉质极粗,施釉极厚而不均匀。由于施釉肥厚过度,

宋代钧窑天蓝釉紫斑碗

宋代钧窑蓝釉钵

元代钧窑蓝釉碗底

此碗釉面有垂流,为元钧
器中所常见。釉面呈桔皮
状,有棕眼,有明显的"蚯
蚓走泥纹"。底足为半瓷
半陶的土黄色,年代当晚
于芝麻酱色胎的品种。

元代钧窑蓝釉碗
高 7.5cm,口径 17.3cm,底径 6.2cm

釉层下垂现象严重,聚釉处因流釉而出现若蜡泪一般釉
滴,釉薄处又可见到胎上的轮指痕和修刀痕。由于釉质
粗糙,釉面上多出现气泡、棕眼和开片纹,釉面桔皮纹明
显,光泽度较差。紫红色的窑变釉斑非成于天然,而是人
工涂抹铜红釉药而烧成,故形状呆板生硬,少自然烧出
的晕化之美。元器施釉一般不及底,露出底部胎骨,有些
器物内底也因叠烧而露出一圈胎骨。

在装饰方面,由于钧釉肥厚失透,刻、划、印花均不易
显露,因此,宋元钧瓷均不重花纹装饰,除个别以堆凸乳
钉和弦纹装饰外,绝大多数器物是没有纹饰的,只靠釉
色装饰,尤其是以其多变的窑变釉色来显示其美。宋钧
釉色青中带红,灿烂如霞,十分美丽。在少数宋钧瓷上,
有紫红色的彩釉斑,这种彩釉斑非常艳丽,表现极为自
然;到元代,这种彩釉斑,颜色发暗,既不艳丽,也不漂亮,
面积也较宋钧要小不少。但元钧在装饰上也有一个独特
之点,这就是在少数的瓶、炉等器物上以堆贴凸花装饰。
这是元钧和宋钧的一个明显的不同之点。连座的钧窑器
首先出现在金代,到元代开始普及。

基于以上的不同特征,有研究者对宋钧和元钧的相
异之点总结了四个方面,兹列举于此,供读者参照:一、宋

钧大多为满釉支烧,底足刷有酱色护胎釉;元钧多施半截釉,底足露胎。二、宋钧釉厚而匀;元钧釉厚而垂。三、宋钧胎釉细腻;元钧胎釉粗糙。四、宋钧器体上的紫红窑变斑弥漫全体;元钧则聚成斑块。宋钧釉无论深浅浓淡皆浑然一体;元钧釉浓处起斑彩或条纹,浅处则见水波纹。

　　对于钧窑,明清之时即有仿造。但明清仿品都是精巧有余,浑朴不足,颜色也过于艳俗。仔细审察,不难识别。明清仿品,自有其自己的独立审美价值。在收藏中要剔除的是现下仿制的一些赝品。识别赝品,可以从以下三个方面去审察:一、器物有无玉质感。宋代时崇尚玉器,做瓷也追求玉质感。因此,一物在手,首先要看其有无玉质之感。真品宋钧都是釉水肥厚,似翠如玉,有很强的玉质感的。伪品则很难做到这一点,做不出似玉一般的温润灵动之气。常常是色泽死板,或釉面过亮。元钧的玉质感差一点,但釉面也应是温润的,没有"贼光"。有的为了伪造出土效果,故意在器物上做上很多土锈粘斑。其实,钧瓷因为地理条件关系,出土器釉面上一般很少有土锈粘结,大都是光润细腻的。因此,凡发现粘结很多土锈的钧瓷要多一分小心。二、要仔细审察其釉面。真品的釉面温润晶莹,釉色肥厚,有淌釉现象。釉下气泡疏朗通透、大小不一、清晰可辨,有棕眼自然散落其上。有些器物上可见"蚯蚓走泥纹",这是识别宋钧的一个重要特征。有彩釉斑的都是晕散自然,成雾状过渡,放大镜下可见到液相分流的破裂现象(俗称"兔丝斑"),这也是一个重要特征。伪品施釉常相对较薄,少温润之感,而且上下都一样厚薄,液相分流现象不明显。釉内气泡常模糊而不够通透。釉面少棕眼或人为做出棕眼。有的有"蚯蚓走泥纹",也是以胎裂来人为做出的。窑变釉常做得生硬,界限清楚,缺乏自然过渡。有"兔丝斑",也是常用人工腐蚀之法做成。有的用毛笔画出,仔细看可见画时的

元代钧窑瓷蓝釉有紫斑器残片

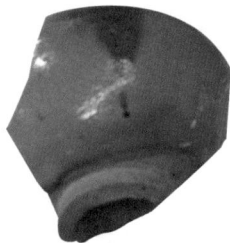

元代钧窑紫斑器残片
此残片胎骨为芝麻酱色,较粗松。釉面有垂流。紫色斑似非天然烧出,而是人工涂抹后烧成,这在元钧器中常见。

拖痕。元钧施釉更厚，而且因其施釉不到底，故在胎釉分界处应见明显的状如蜡泪的垂釉现象。元钧釉面棕眼更多，使釉面呈现出桔皮状。三、仔细看工艺特点。宋钧器形规整，造型美观。官钧器更是有一定形制，决不越规。制胎因为是手工操作，器物胎形一般是上薄下厚。施釉到底，底足露胎，呈灰褐色，放大镜下可见胎质呈糯米状。元钧工艺粗糙，器物厚重粗笨。圈足底边宽大，盘碗类外底中心有乳钉状突起。仿宋钧伪品在器形这一点上很难过关，一般都掌握不好。器物手感一般较轻。用真品资料一对照即会露出马脚。宋官钧器底部多刻有一至十的数字，器形越大，数字越小，刻纹自然流畅。伪品一般没有数码刻纹，或有，则不自然，显得生硬。也有的则刻上一些莫名其妙的款字。

宋代钧窑天蓝釉盏托

宋代钧窑天蓝釉葵花式花盆（连盆托）

第五讲 唐宋越窑和宋元耀州窑、龙泉窑瓷鉴识要点

唐宋越窑瓷鉴识要点

越窑,是产生在我们浙江的一个古代名窑。从唐代到五代,是它的兴盛时期。虽然到北宋还在继续烧造,但已然开始走下坡路。北宋中期以后,其地位逐渐为龙泉窑所替代,到南宋就停烧了。越窑以浙东余姚的上林湖窑为中心,包括上虞窑的寺前、帐子山、凌湖和慈溪的上呑湖、白洋湖一带的窑口为代表。同时,绍兴、诸暨、鄞县、奉化、临海、黄岩等地也都一直在烧造着青瓷。初唐时的越窑器,仍处于中国青瓷的低潮时期,其基本风格与南朝和隋朝相类似。中唐以后质量逐渐提高,产品有"类玉"、"类冰"、"千峰翠色"之誉。尤其是当时生产的青瓷茶瓯,被当时写《茶经》的陆羽推为越窑之首。五代时,一部分产区为钱镠的吴越国宫廷所垄断,成为我国最早的官窑。其典型的产品,就是现在大家都知道的从唐代中期就开始烧造的所谓"秘色瓷"。唐宋时期的越窑产品,不仅畅销国内,而且还远销海外。现在在印度、伊朗、埃及、日本和东南亚地区的考古发掘中,经常有唐宋时期的越窑器发现,这就一个证明。

要辨识越窑青瓷,还是可以从胎釉的变化入手。从总体而言,越窑青瓷的胎色呈灰白色,从唐到宋,变化不大。只是唐代早期由于对胎土的粉碎、淘洗均不够精细,胎质中含有不少沙粒。从唐代中期起胎质显细腻,不再含沙粒。北宋时越窑器的胎色仍是灰白色,但已变得比较浅了。宋时的胎质比较紧密,内含杂质较少。越窑青瓷器都是拉坯成型的。在这一点上,仿制者很难做得十分到位。他们虽然也可运用拉坯方法,但重量和厚度掌握不好,往

宋越窑壶

往是过重或过厚。也有用模制泥浆灌注方法来仿制的。这种器物，一是重量偏轻，二是只要看到是模制泥浆灌注，就可以剔除，因为，当时还没有这种工艺。另，现代仿品，在胎质上不一定能掌握得好，仿北宋的常胎质过松，仿唐代的胎质又过紧密，仔细观察，不难发现其不到位的地方。胎色上，过白或过灰都有，也须仔细辨别，找出其与时代的不合之处。

宋越窑四系盖瓶

在施釉上，从唐到宋所施的都是石灰釉，这种釉，光泽度好，透明度高，但黏着力不强，薄而易流淌。唐代早期，釉层薄而不均，有流淌，少光泽，器底和圈足常有露胎。釉色有青黄、青灰和淡青等多种。唐代中期至五代釉色以青黄多见，还有青灰、青绿等。特别是晚唐起，釉色偏于黄色，或青中闪黄，以偏黑为贵，追求玉质感，后逐渐改进到清水般的湖绿色。这段时期，釉层均匀，光泽滋润，呈半透明状，有玉质感。唐代早中期的真品，一般来说，器身均有细小的开片，在放大镜下可以看到。在开片中还可看到土沁和一些爆裂的痕迹。北宋越窑的釉色以青灰和青黄釉为主，有少量的施青釉和青绿釉。釉质不如五代时期精细，釉面虽也光亮，但已表现不出唐、五代时期釉面的那种滋润感。特别是晚期产品由于采用明火装烧，加上制作粗糙，在施釉上不大匀净，故釉色普遍灰暗，无光泽，质量较前要差得多了。上述状况，是指一般而言。近期有专家研究发现，唐宋时，在上林湖的精品秘色瓷中，大部分釉面纯净并无开片，所施系石灰碱"秘色釉"。其中少量标本含有特别的晶体成分，在光源照射下，会呈现出金银色的耀斑，非常美丽。新仿之品釉色虽与真品大致相近，但一般釉层要较真品显厚，光泽强而刺眼。有的器物经过做旧，釉面不刺眼了，但也没有了滋润感，出现了无光泽、显干燥的现象。

越窑的器物形式多样，多见的有碗、盘、洗、碟、杯、盒、罐、钵、缸、釜、瓶、灯、盂和执壶等。以茶瓯为最突出。
器物的造型不同,可为辨识提供帮助。如壶类器的流,唐
代的必定短流,时间越晚,壶上的流则越见伸长。另,如越
窑器的支钉撇足,应是五代到北宋早期的特征。宋代中晚
期,应是立足。在装饰上,唐代以素面为主,有的器物有堆
贴和少量的划花图案。五代有少数堆贴和刻划花的纹饰,
并出现釉下褐彩的装饰图案。到北宋刻划花装饰较多,纹
饰取材于唐代的金银器。但后来逐渐减少,器物就不太
讲究用花纹装饰了。有的还保留一部分五代时的装饰花
纹,有的就是光素无纹。同时,碗盘类器的口沿出现花瓣
形的装饰。对此类器,可以以"唐四、五五、宋六"来区分,
即在通常情况下,唐代是四瓣,五代是五瓣,宋代是六瓣。
当然,这只是一般情况,不排除有例外。在越窑器上,特别
是在宋代越窑器上,常有文字题记出现在器身和器底之
上。这些文字大致可分为姓名、数字、记事和其他文字等
几类。了解这些文字,对于辨识断代有好处。如出现"太
平兴国"或"太平戊寅"四字款的,即可断定为宋太宗时
期所烧。仿制品在装饰上常不到位。一是线条多不如真品
流畅。刻划呆板,没有生气、灵气。划花的线条常比真品要
粗。二是由于知识的局限,花纹的时代常常会出现早晚颠
倒的现象。如盛行于北宋早中期的水波纹等,常会错误地
装饰到五代的器物上。

　　熟悉越窑烧制技术的资深人士告诉我们,从装烧工
艺上,也可以来辨识器物的新老。越窑瓷装烧主要是二
种:明火烧或匣体装烧。但不管哪种方法,为防止粘连,均
要用泥点来作间隔。不同时代,用泥点的部位有变化。唐
至五代,泥点的部位在器底边缘和圈足的足端。为避免泥
点被粘,在放置泥点的地方要刮釉。器底刮釉部位呈暗红
色,泥点会留下痕迹。仿品较之真品颜色要深暗。五代晚
期至北宋,采用垫圈间隔装烧,因此,泥点移至外底,使足

宋越窑青釉小罐

端包釉完整，但泥点往往被粘住。真品泥点较疏松，用手
指甲一扣，易脱落。伪品泥点坚硬，不易脱落。泥点的形
状：唐代早期，呈不规则三角形；唐中期起，多呈松子状；
五代起，圈足变窄，泥点也随之变小；北宋时，早期为长条
形，中晚期变环形。据此，仔细观察器物上泥点的有无、位
置、形状和黏着情况，对照器物的胎釉和装饰特点，就可
以为判断真伪提供依据。

宋代越窑碗

宋越窑青釉钵

宋元耀州窑瓷鉴识要点

宋代耀州窑青釉刻花器
残片

宋代耀州窑青釉刻花器
残片底面

此宋代耀州窑瓷片的胎
骨为灰白色,细密坚致。
露胎处可见褐黄色氧化
铁小斑块。刻工为宋代流
行的"一面坡"刀法,中
间有竹丝划痕,刻划流畅
有力,为熟练工匠所为。
釉色青中见黄,为宋代此
窑的常见色。

今陕西省铜川市在宋代时属耀州管辖。所谓的耀州窑在西安以北 100 多千米的铜川黄堡镇一带。耀州窑后来发展出了我国北方的一个著名的青瓷窑系。它以铜川耀州窑为代表,包括后来相继模仿耀州窑的河南的临汝窑、宜阳窑、宝丰窑、城关窑和广东的西村窑、广西永福窑等所烧造之瓷,均属耀州窑系瓷。耀州窑创烧于唐代,五代至宋逐渐发展成熟,并受越窑影响创烧刻花青瓷而闻名于世。到元代以后渐趋衰落,至明代中期以后基本上就终止了。宋代耀州窑以出产青瓷为主,除此外也生产一些黑釉、酱釉、黑釉酱斑和结晶釉瓷;金代时,除青釉、月白釉和姜黄釉外,也烧造上述的酱、黑釉器;元明时期,除了烧造姜黄釉青瓷外,同样也烧造黑釉、酱釉和茶叶沫釉、白釉,以及少量的白地黑花器。

这里主要说一下鉴识耀州窑青釉瓷的一些要领。五代时,耀州窑的胎应是深灰和黑灰胎。葵花应是 5 瓣。宋朝时,耀州窑青釉瓷器的瓷胎与越窑、龙泉窑的瓷胎基本相像,也是以灰白色胎质为主,胎质和大多数的北方窑口产品的胎体显粗松不同,显得非常紧密和精细,但胎骨较龙泉窑器要稍薄。因为胎质内含铁量较高,胎色呈深灰色,整个器物常见有点点褐色布满全身,在器物的露胎处可常见酱色氧化铁的小斑块,器物的釉薄之处,特别像口部这样的地方常可看到隐现出来的淡褐色。这种状况在器物的底部、足部和器身缩釉之处,也可看得很清晰。在放大镜下,这种褐斑和釉下透出的褐黄色尤其可以明显地看到。这是鉴识耀州窑瓷的一个重要特征。耀州窑瓷在民国以前少有仿造品,因此,凡见仿品绝大多数是现代仿造的。仿品一般胎骨显得厚重,由于含铁量低,胎色呈灰白色,较真品要浅。胎体厚薄较均匀,真品的胎壁并不是

宋代耀州窑刻花梅瓶

宋代耀州窑青釉刻花器
残片底面

宋代耀州窑青釉莲瓣纹
刻花碗残底

十分均匀的。在仿品的漏釉和缩釉之处见不到酱色小斑，釉薄处也没有褐色透出。据此，即可辨识是否是耀州窑瓷。

宋代耀州窑青釉瓷釉色显青翠，釉质细润，但施釉一般较薄，且釉色深浅多变，但不论深浅，一概都是在青中闪现黄色。而且是年代越晚，闪黄越明显，到元代以后，几乎成了黄釉器。在放大镜下，可见到器物的沟壑处气泡大小不一，而且显得很通透疏朗。耀州窑瓷在宋代中期以后，一般在胎釉间不施化妆土，因此，在胎内含铁量较高的情况下，整个釉面呈现青中透黄的色调，有的则是在青中微显出淡红的色调。这是耀州窑青瓷器的一种主色调。仿品釉面青黄发亮，光泽度过强，有"贼光"，釉面过于透明，却缺乏细腻温润之感。釉色常是偏绿或偏黄。很多贩卖赝品常在器物上挂泥浆和油污作旧，遇到这种情况，须小心鉴别。

耀州窑瓷的器物一般都制作规正、精巧。多见为日用品，像盘、碗、杯、碟、洗、壶等，少见瓶、罐。其装饰纹样主要有莲花、缠枝花卉、鱼水纹、婴戏图和犀牛望月等。耀州窑装饰方法主要有刻划、模印和堆塑等几种。以刻划、模印为多见，尤以其刻花器闻名于世。耀州窑的刻花器系用刀子或竹签之类的工具在瓷胎上刻划而成。当时运用的

新仿品胎釉过细，施釉较薄，釉下不见黄褐斑。做工过于规正，釉面现"贼光"，无包浆。模印图案呆滞，纹样模糊，少灵气和老气。

现代仿宋耀州窑青釉印花碟（右为底面）

刀法系宋时流行的"一面坡"的刻法。这种刻法,刀法流利,斜坡切入很深,线条刚劲有力又灵动自如,从侧面看能显凹凸感,但斜面又非常光滑流畅。仿品很难达到这样的水准,常见的是划花生硬浮浅,刀法软弱呆滞。多看真品,就能一眼识破赝品。模印装饰系用特制的模子印压而成。耀州窑的模印压出的纹饰花纹凹凸明显、纹样清晰,这也是该窑口瓷器的一种独特风格。现代仿品胎釉过细,釉下不见黄褐斑。做工过于规正,釉面无包浆,有"贼光"。印花图案呆滞无灵气,有的常常是粗浅模糊、含混不清的。拿到一件器物后,只要从装饰效果的角度,与真品一对比,仿品立马就可显现出来。还有一种装饰手法就是在一些盘、洗之类的器物的底部堆塑一些怪人、怪兽之类作为底足。仿品堆塑多见于壶、瓶之类,但耀州窑的瓶、罐之类恰恰较少见,因此,务必要小心谨慎,不要轻意认定。后期耀州窑也生产白釉铁锈花器,与磁州窑不同之点在于,磁州窑画的黑花图案较为具象,而耀州窑器则画得比较抽象,体现了一种速度、力量和美的结合。此外,耀州窑真品的圈足常常是切削得很平整的,而仿品圈足底缘则常做得较为圆滑,器底常做成满釉,底面平而无鸡心突。遇到这些情况,就要联系其胎釉特征和装饰风格等方面全面去考察。

宋代耀州窑青釉印花碗(左为俯视态)

宋元龙泉窑青瓷鉴识要点

元代龙泉窑青瓷缠枝牡丹纹大瓶
杭州博物馆藏

南宋龙泉窑青瓷凤耳瓶　杭州博物馆藏
高 17cm,口径 6.7cm,底径 6.7cm

宋代之时,随着越窑青瓷的渐趋衰落,同在浙江的龙泉窑青瓷则逐步兴起,最后取而代之,发展成为江南的两大窑系之一（另一窑系是景德镇白瓷）。在宋代,龙泉烧造的青瓷窑中流传得家喻户晓的有两个窑,即哥窑和弟窑。这弟窑,也就是现在一般所谓的龙泉窑。龙泉窑和哥窑两者既有相似之处,也有不同之点。这里主要介绍龙泉窑的辨别方法。

其实,龙泉青瓷窑在五代时即已开始烧造,只是到了宋代才有大的发展。不仅产量大,质量高,而且还影响着南北的其他窑口。至元代时,由于南方白瓷的不断兴盛,其他青瓷窑口渐趋衰落,唯独龙泉窑却仍有发展。但龙泉窑到康熙之后就逐渐停烧了。直到 20 世纪 50 年代,在中国美院邓白教授主持下,才和南宋官窑一起,得以重新恢复烧造。所以,如果有人拿出民国的所谓龙泉窑器,则必定是后仿无疑。

要辨识龙泉窑青瓷,首先要观其胎釉。由于宋人的审美情趣比较崇尚釉色美,因此,这个时期的烧瓷均以追求玉质效应为佳。龙泉青瓷也是如此,釉面光润肥厚,釉质晶莹细腻,玉质感极强。如釉色干枯,或釉面过于明亮者,就要小心。但有时候滋润的玉质光与过亮的"贼光"也就是毫厘之差,初入收藏者较难将两者区分开来。这就需要多上手真品,到博物馆或拍卖会多看实物,慢慢去感受和体会其中的细微差异。

北宋和南宋,由于施釉工艺的不同,其釉面的表现自然也有不同,早期施釉要稍薄于中晚期,并由于所施的是粘结度不高的石灰釉,故釉面常出现有流淌现象。南宋之后,改为使用在高温中粘度大不易流淌的石灰碱釉,因此,产品施釉加厚而且均匀,釉的流淌现象大为减少,器底施釉增多,玻化程度也较前提高,这也给鉴别提供了依据。在放大镜下,凡南宋施石灰碱釉的青瓷,釉面可见密

南宋龙泉窑青瓷笔舔
（下为底面）

宋代龙泉窑青瓷钵
（下为底面）

南宋龙泉窑青瓷五管瓶

集的大小气泡和未溶的白色石英颗粒。至元代，釉面的气泡则呈唾沫状。此外，因器物的边缘及其他凸起和转折之处留釉较薄而露出白色线状胎色，俗称"出筋"。釉面有无"出筋"，也是鉴识是否为宋元器的一个重要依据。从釉色上看，宋早期为青中闪黄，中晚期为粉青、翠青和梅子青，有少数为黄褐色釉。南宋时梅子青釉发色偏蓝。至元代，粉青、翠青和梅子青变成了黄绿色和个别葱绿色，釉质也较宋时粗松，有的出现开片纹，由于施釉较厚，均有"出筋"现象。如釉色不对，且无"出筋"，就要慎重。

从胎质上看，龙泉窑器物一般为灰白胎，也有少量的黑灰胎，黑灰胎大多为仿官窑产品。白胎常比黑胎要厚些，施釉也比黑胎器要厚些。宋元青瓷的胎质都是较紧密精细，胎骨偏厚。细分则早期较薄，中晚期趋厚，至元则更厚且粗些。元代大件器在烧成后底部常见有窑裂纹。在制作上，宋器底部一般均可见刀刮之痕，而元代较小的器物底部则可见乳丁状凸起，这是特征。伪品往往胎质偏白、偏粉，没有真品的古老质朴之气。釉色厚薄均匀，也缺乏玉质感，显得干枯无光或反之呈玻璃质贼光。釉色常青中夹黄或夹白，没有真品那种青翠的灵气。找不到因时间和环境造成的老旧之气。有的也有"老气"，但仔细看可发现全系人工所为。现在作伪技术提高，有人工做出的跳刀痕、乳丁凸、腐蚀斑和未熔石英颗粒等，须特别小心鉴识。宋时底足露胎处火石红大多呈铁褐色，色深有力。元时底足露胎处也有火石红，比宋时稍淡，但也是深沉有力的。元器有时在底足涂上一层酱色护胎釉，但深浅过渡自然。仿品火石红不过深就是过浅，也有底足有被人工涂成砖红色，却常常显得死板生硬而缺乏灵动自然的过渡。总之，只要发现上述情况之一，就须谨慎处之。元代龙泉窑平底器常用麻布作衬垫，而不用细布。凡见用细布，即是仿品。

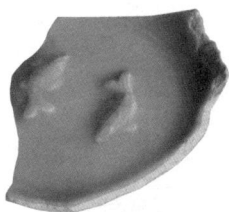

南宋龙泉窑青瓷双鱼纹
残器（下为底部）

在造型和纹饰方面，早期器物以盘、碗、壶为主，也有一些钵、洗、瓶、罐之类，器物造型都较规整精细、古朴浑厚，有不少是仿古铜器和玉器之物。均取正烧之法，故除圈足外其他部位均有釉。元代时制作不如宋代，器底和一些棱角之处修饰也较马虎，并显得生硬。在器型上，宋时多小器，元时则有不少大器出现。一般来说，青瓷的纹饰在宋代是由多变少，到元代则复由简单而变得繁复。宋早期盛行刻、划而成的瓷纹、弦纹和莲瓣纹等，至中晚期逐渐减少，仅少数器物上刻划有莲瓣纹图案，有的瓷洗中出现模印贴花的凸起双鱼，此外，一些罐上出现堆塑盘龙和在瓶、炉上装饰有鱼耳、凤耳、贯耳等耳饰。至元代，多花草纹，至中期又变得繁复精细起来。但是，须提醒的是，纹饰和造型均可仿制，因此，鉴识还是要更多地从胎釉和旧气上着手。仿品有的用模子，底部火石红常系人为涂染，而非自然烧出。有"贼光"，无玉质感。有的布满开片，且片纹内有土沁，但沁色全器一致，可见系人工做出，并非真正老气表现。

附带说一下，据近年考古发现，明代时，龙泉曾烧造

现代仿南宋龙泉窑青瓷长颈瓶

此瓶仿南宋此类青瓷器，但形制上不到位，且用模子做出，真品应是手工所为。底部铁足系人工涂染，非自然烧出。有"贼光"，无玉质感。布满开片，片纹内的土沁均为人工做出。没有真正的老气。

南宋龙泉窑青瓷樽式炉　杭州博物馆藏
高10cm，口径10.4cm，底径7.4cm

专供宫廷使用的青瓷。这个窑口就在大窑之侧的明代早期的枫洞窑。我曾去该窑遗址考察,今天仍可以看到遗留在那里的很多精美瓷片。由此可见,龙泉青瓷到明代已趋衰落之说还有待探讨。我认为,至少在明代早期它并未衰落。鉴识明代龙泉青瓷,其要点有四:一是釉色趋黄,但官窑品除外,官窑品中也有釉色特别青翠的。二是釉面的玻化程度提高,釉面的亮度要超过宋元之器。但釉面再亮,其亮光也温润,与新器火爆的"贼光"是不一样的。三是在明代早期龙泉官窑的盘、洗类器的底面上,可见有一圈很细的垫烧线,这也是识别明龙泉官窑器的一个特征。四是在形制上已趋同于明早期的器物。还有即使在明末清初,龙泉窑的胎也是灰白胎。如见白胎,就是景德镇所烧的,不是龙泉窑。

元代龙泉窑青瓷三足炉

明早期龙泉窑青瓷兔纹刻花折沿洗

明代龙泉窑青瓷刻花碗

南宋龙泉窑青瓷鬲式炉
杭州博物馆藏　高 13.5cm,口径 16.1cm

明早期龙泉大窑青瓷罐
高 10.3cm，口径 4.6cm，腰径 10cm

元代龙泉大窑青瓷小盅

元代龙泉窑青瓷小钱罐（带盖）

第六讲 宋元磁州窑、吉州窑和宋代建窑瓷鉴识要点

宋代磁州窑白釉黑花缸

宋代当阳峪窑剔花瓶

宋代磁州窑白釉黑彩酒
字纹大梅瓶 杭州南宋官
窑博物馆藏

宋元磁州窑瓷鉴识要点

磁州窑的窑址在如今的河北省磁县,一个窑口是在该县的观台镇,另一个在该县的彭城镇。广义来说,磁州窑是一个窑系,是我国北方最大的一个民窑体系。重要的窑口除上述两个以外,还包括河南的鹤壁窑、禹县扒村窑、修武当阳峪窑、登封曲河窑和江西的吉州窑等。这其中,磁县的磁州窑烧造时间最长,瓷器品种最为丰富,也最具代表性,是其他诸窑口的集大成者,其产品也令其他一批瓷窑相继模仿。现下,通常说的磁州窑器主要指的就是河北磁县的产品。其他属磁州窑系内的产品,既有共同之处,又有各自不同特色,在鉴识时要注意区分。比如,磁州窑在宋元时所使用的瓷土是附近所出产的"大青土",烧成后胎色呈青灰白或灰黄色,施釉后白度不高。因此,为了提高釉面的白度,施釉前先施一层白色化妆土就成为它的一个特色。而同期的吉州窑产品,因所用瓷土不一样,瓷质较白,烧成后呈浅米黄色,就不用使化妆土,这就是识别同期磁州窑和吉州窑瓷的一个简单而又可靠的方法。在这个窑系之内,烧造的瓷器以黑瓷、白瓷、白地黑彩、白地褐彩等几个瓷品为主,其中以白地黑花的品种影响最为广泛。

磁州窑始烧于五代到北宋前期,宋中期是其发展期,在金代得到了快速发展,到元代,由于烧造方法趋于随便,制作粗糙而走向式微。宋代时,磁州窑胎质较坚硬和精细,一般胎壁较厚,胎色是青灰白色的。金代磁州窑胎粗,胎色浅褐。胎釉之间涂一层白色化妆土。釉面白中闪黄,胎釉结合不紧密,常见有爆釉现象。元代胎质就不如

宋代磁州窑白地黑花大梅瓶

宋代坚硬了，较粗松，胎色呈灰黄色。磁州窑的瓷釉大部
分是透明白色釉，在器物上看起来，白中微闪黄色，部分
器微闪湖绿色。也有一部分黑釉器和绿釉器。磁州窑黑釉
不是纯黑的，而是黑中透出褐色。磁州窑的白釉黑彩器都
是釉下彩，黑彩貌似全黑，其实也不是纯黑的，而是在黑
中微闪赭色。这种赭色较吉州窑器要显得深些（吉州窑
器上更要偏酱红些），但也不到纯黑，特别是在起笔和运
笔之处，放大镜下可清晰看出。磁州窑器器物釉面光润，
彩上也能见润光。凡彩上无润光者，要谨慎。

宋代磁州窑白釉黑彩花草纹鼓　杭州南宋官窑博物馆藏

　　磁州窑器一般都入过土,器物上应有被腐蚀的痕迹露出。釉面常见有细小开片出现,开片纹内可见土沁和腐蚀之痕。这种痕迹很自然,与用酸泡出的迥然不同。现代仿品也常故意制造这种腐蚀痕迹,但常会露出人工作伪的痕迹。仿品釉面的光泽是死板的,或犹如油漆刷过一般,毫无灵气可言。腐蚀之痕常在刻花纹和转折之处出现。真品土沁由纹路侵入,常达于彩面,犹如一种白色云雾覆盖其上,这种覆盖有多有少,无规律可循。由于是出土之物,露胎处点上一些热水,可嗅到土气。伪品初见时有时也可闻到土气,但放时间长了就没有了,真品则可长久闻到。真品露胎处放大镜下看有一种似玉质的肥腻感,伪品则显干燥。当然,磁州窑的露胎处也见干燥的,这

元代磁州窑白釉珍珠地刻花母子枕

种干燥是由于化妆土覆盖的缘故,但这种干燥是呈粉状的。

磁州窑的装饰工艺非常丰富,一种是运用刀具在器物上进行剔、刻、划的装饰工艺。品种有白釉地剔划花、白釉地釉下黑彩划花、珍珠地刻花黑褐釉彩的剔划花等。另一种是用毛笔在釉下画彩。品种有白釉地红绿彩、白釉地黑彩绘画、白釉地黑彩加褐彩绘画、绿釉地黑彩和褐彩等,还有就是黑釉和低温颜色釉。在宋代,主要以黑彩绘画为常见品,此外,也有刻划、刻填等品种;到元代,也有画、刻、印等几种,以绘画为主。在刻、印的纹饰中,以白地黑花为多见,也有素白刻花的。在鉴识刻、剔类器物时,要特别注意其剔露的胎体上要能见到有一些细小的裂缝不经意地散布在四处,这是真品的一个重要特征。此外,在刻剔的胎体上应留有刀痕,这种刀痕应是干脆利落且刚劲有力的,在放大镜下,能见到在开裂的地方胎体呈肥腻状,且其中有褐色的铁质点子,这也是一个鉴识真品的特征。宋金时期有黑釉线条罐,凸起的线条有挤牙膏般的挤出之感。黑釉色泽肥厚,效果偏红。放大镜下能见点点褐色布满全身,还大大小小洒落的棕眼。底足应是浅灰色胎体上,涂有褐色状的护胎釉,底足应是干干净净的。仿品的白色线条并非用人工挤出,整齐划一,细看可以辨别。

磁州窑在明清到民国均有仿造,眼下更是有增无减。尤其是新仿之品,胎釉均与真品有很大差距,大部分以化学药品来伪造土沁和腐蚀之痕。伪品胎质常过细、过白,烧成温度过高,敲起来音质清脆。仿品釉色常过于清亮,化妆土也常过细过白,常呈石膏或奶油状。伪品的绘彩和刻划生硬、拙劣,极易露出马脚。印花品线条模糊,珍珠地刻花颗粒大而均匀等等。总之,伪品缺少灵气,一般都表现得呆板、拙劣。因此,平时要多看真品,才能在淘宝时,从比较中进行识别。

元代磁州窑白釉褐彩壶
(有残)

元磁州窑四系梅瓶

宋元吉州窑瓷鉴识要点

　　吉州窑的窑址在今江西省吉安县永和镇，是宋元时代江南地区的一个主要窑口。晚唐时即已开始烧造瓷器，至宋代有了很大的发展，至南宋达到顶峰，元初起走下坡路，但后期又有一度中兴，到明代中后期逐渐停烧。在晚唐至五代吉州窑的初创时期，釉色比较单一，品种也少，主要是酱褐釉、乳白釉和淡青釉的碗、罐和水注之类。到宋代，吉州窑进入了繁荣期，釉色和品种都增加了，黑釉、乳白釉、绿釉、影青釉、洒釉、窑变釉都有生产，特别是黑釉器成为了这个窑口的一个主要产品。吉州窑在其发展过程中受到过汝窑、磁州窑、建窑、龙泉窑和景德镇窑等诸多影响，特别是与磁州窑和建窑渊源关系尤其密切，在鉴识时要注意到它们之间的共同与不同之点。

　　吉州窑器一般为正烧，少有大器出现。其胎质较粗松，界于瓷与陶之间，但很坚硬，器物胎壁较厚。胎色以灰白、米黄为主，个别呈紫灰色。这种胎骨，俗称墨鱼骨。这种胎料，现在在当地还有留存，这就给制假者留下了有机可乘的条件。但当时吉州窑窑工的修胎是很有特点的，为了追求时效，熟练窑工往往就在快速的几刀之中完成了修坯的工作，因此，在器物上可见到修坯时所留下的明显刀痕和旋纹。又因当时胎泥淘练较简单，所以烧成后胎体上常可见有杂质和孔隙。这些是在鉴识吉州窑器胎体时的重要特征，须首先予以关注。此种工艺的独特性，常使仿制者露出马脚，大多数仿品制胎过白过细，即便模仿，也常是貌合神离，做不到位。仿品的胎质常比真品要紧密和精细，胎体常过重或过轻。通常吉州窑的胎体都稍厚，凡见胎体过薄，且碗内有过细的旋纹者，均为现代工艺所为。此外，宋时，吉州窑器中有一种仿定窑的产品，这种器物胎质较薄，胎色呈粉白或黄白色。识别时要多从胎质、施釉和工艺特点几个方面去仔细分辨。北宋时,吉州窑的罐底可见到麻布纹。

吉州窑器的施釉一般采用三种方法:浸釉、吹釉和洒釉。主要是浸釉法,即用手倒拿着底部浸入釉中,因此,器物底部常无釉。另两种则是在浸釉器物上再吹上或洒上别的颜色釉。吉州窑瓷施釉较厚,古瓷釉面光润细腻,有一种温润之光。作伪者常用兽皮或浸油软布来进行抛打,以使其出现温润之光。但用兽皮擦者,在放大镜下可见无数细小平行的擦痕;而用油布擦者,在摸触时会有一种油腻感。还有用稀酸处理来去掉浮光的,但这种器物釉面发涩、呆板,没有古器所应有的包浆,而且在放大镜下可见到酸腐蚀的痕迹。吉州窑器一般均是出土器,因南方气候潮湿,泥土中含酸量多,导致出土器的土锈常在其釉面上出现明显的结壳现象。这种结壳的现象,仿品现在也在做,但较难做像。真品的结壳是随机而产生的,而仿品则整器都一样。此外,吉州窑器的胎釉结合得不是很好,釉面多数会出现开片,放大镜下看,开片中应有土沁之痕。仿品有时也有开片,但这种假开片,一是开得不自然,二是很难做出开片中的土沁之痕。吉州窑的釉是低温铅釉,经过几百上千年时间,釉内的铅会有部分析出,放大镜下可见点点锡光。仿品是很难做出这种锡光的。以上这些,是鉴识吉州窑釉面的一些重要特征。凡釉面无结壳现象,又无开片和点点锡光者,须小心对待。还有重要的一点是,真品在它的露胎处有土香气。真品由于长期埋于地下,必有土香气,凡一点都没有土香气者,须特别小心对待。

黑釉茶盏是吉州窑的重要产品,到南宋达于鼎盛。品种有木叶纹、兔毫毛釉、玳瑁釉、虎皮斑釉、油滴釉、鹧鸪斑釉、黑釉彩绘、黑釉洒彩、素黑釉、剪纸贴花纹等多种。鉴识时,主要是观其胎釉特征。另外,不同的茶盏有其各自独有的特征也要予以注意。如木叶纹盏内的叶子,在烧

南宋吉州窑酱褐釉茶盏
(口沿线有残)

南宋吉州窑黑釉木叶纹碗

南宋吉州窑剪纸贴花碗（上为俯视态）

成后其叶面与底釉釉面应在同一平面上,如遇叶片凸于底釉之上,或与底釉脱节,即是仿品无疑。真品窑变釉的茶盏其釉面上的块状窑变斑应为紫红色,而仿品的窑变斑则常有偏差,不是过深就是过浅。真品的窑变釉是流动的,仿品则常是死板的。真品剪纸贴花纹茶盏常施灰白色玳瑁釉,烧出来的贴花纹饰既清晰又不生硬,而仿品则常见图案模糊不清,或边线过分生硬,釉色也单一,不见变化。可以与建窑相区别的有一点是,从目前的考古发现来说,尚未见建窑有烧造过剪纸贴花瓷和白釉彩绘瓷。兔毫盏、油滴盏吉州窑和建窑都有烧造,要区别两个窑口,主要是看胎料和胎色的不同。建窑使用的是乌泥胎,胎质紧密厚实,胎色乌黑或黑灰;吉州窑使用的胎料有土黄和土红两种颜色,胎质显疏松,界于瓷陶之间。

　　白釉彩绘瓷也是宋元时代吉州窑的一个主要瓷品。尤其是到元代,窑变花釉器有所衰落,但彩绘瓷有了进一步的发展。彩绘瓷都是釉下彩。鉴识彩绘瓷,除了观其胎质特征外,主要看其彩绘。吉州窑的釉下彩绘以铁质为彩料,烧成后呈黑、褐、赭、棕等多种颜色,色彩明彻晶亮。与吉州窑不同的是,磁州窑器是用笔在施有化妆土的胎体上作画,烧成后花纹呈铁锈般的赭红色,成色偏黑。吉州窑瓷一般不在胎体上施化妆土,花纹直接画于胎坯上,烧成后,颜色更偏酱红色。真品在白釉面上的褐彩似有一种化开的感觉,好像在玻璃上涂彩而不能完全黏附于表面一样,这是一个重要特征。仿品就没有化开的感觉,黏附力好。现在,市场上出现有老胎新彩的伪品。即利用老的素胎器或把画面损坏的老器上的画刮掉,再在上面添仿画作。这种伪品绘画功力不足,彩绘呆板、草率、缺乏灵动之气。另外,就是器物釉面不见老气,新彩部位常会在胎釉间鼓出气泡。面对这种老胎新画的赝品,仔细观察其画面,不难发现其作假之处。吉州窑彩瓷在清代就有仿制,

南宋吉州窑酱褐釉茶盏
(上为俯视态)

南宋吉州窑黑釉鹧鸪斑纹茶盏

南宋吉州窑剪纸贴花纹茶盏残器

南宋吉州窑白地彩绘花
草纹碗　杭州南宋官窑
博物馆藏

清代仿品彩绘显得拘谨,线条显柔和,没有真品那种灵动
和放达。

南宋吉州窑黑釉玳瑁茶盏

南宋吉州窑褐釉天目罐

南宋吉州窑褐釉天目罐底部

右罐胎为元代老胎,但釉
彩均为现代新施的。绘工
拙劣、呆板、生硬。彩绘无
化开感。无包浆、老气。有
"贼光"。釉薄处可见原
有彩绘的痕迹。

老胎新彩仿元代吉州窑水纹纹罐

宋代建窑黑釉瓷鉴识要点

宋代建窑兔毫盏

习惯上，人们把福建地区生产的瓷器，都称之为建窑瓷。在建瓷中，最受重视的就是"建黑"和"建白"两种瓷器。前面说过，"建白"指的是明代德化窑的白釉瓷器；而"建黑"，就是指宋元建阳窑烧造的黑釉瓷器。建阳在宋时属建州管辖，故当地窑口称建窑，或称建阳窑、乌泥窑。这是狭义的"建窑"概念。建阳窑始建于晚唐，至两宋达于顶盛，到元代就逐渐衰落。其实，所谓建窑黑釉瓷，主要烧造于建阳水吉镇一带。除此，在宋元时期，同在福建的崇安、松溪、光泽、泰宁、建宁等地也都在烧造。唯宋代时，建阳窑烧造的黑釉茶盏无论数量或质量，均位居第一，著称于世。建窑也因此而跻身于宋代的著名瓷窑之一。建窑除黑釉瓷外，也生产青釉、白釉、褐釉等其他瓷品。本部分主要讲一下对宋代建窑黑釉茶盏的鉴识要领。

在宋代时，饮用的白茶是通过半发酵的方法制成的膏饼。饮用时先把膏饼碾成粉末，再放入茶盏，沏入初沸的开水，水面即浮起一层白色的泡沫。宋人认为，泡沫越

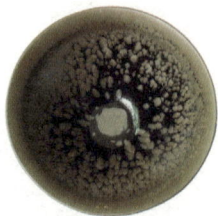

建窑油滴碗俯视

建窑油滴黑釉盏

多，则茶叶就越好。文人好事，遂以斗茶来比试取乐。于是，斗茶之风骤起，后来从民间又传入皇室，皇室、官员也纷纷以此为乐。在这种情况下黑釉茶盏便应运而生。因白茶入黑盏最便于观色。建窑烧制的黑釉盏一度成为皇室斗茶的专用茶盏。其中的名贵品种如兔毫盏、油滴盏、窑变釉花盏等更是成为进贡皇室的贡品。这些贡品中，部分底部刻有"供御"、"进琖（盏）"字样的茶盏，便是当年的贡品。据已故陶瓷专家冯先铭先生考证，宋徽宗赵佶斗茶时使用的茶盏就是建窑的兔毫盏。

黑釉盏，在当时不只建窑一家在烧，比它创烧略晚的吉州窑也在烧。一般传统的看法，在品种上吉州窑要远比建窑丰富。建窑的主要产品是兔毫、油滴、窑变和鹧鸪斑釉花盏等几种，而吉州窑除了这几种以外，尚有玳瑁斑、木叶纹、玳皮釉、虎皮釉、彩绘纹、洒彩纹、剪纸贴花等多种。但据当地资深研究专家近期研究发现，建窑发展到南宋，已拥有两大系列的产品。一是自然窑变类。产品包括兔毫、油滴、窑变、柿色、乌金盏等多种。二是人工装饰类。从装饰材料看，有氧化铁装饰、乳白釉装饰、草木灰装饰、描金银装饰等四种；从装饰方法看，有点装饰、线装饰、图案装饰、文字装饰等四种。因此，吉州窑品种要远比建窑多的说法，看来需要深入研究。那么，如何区别吉州窑和建窑瓷，我以为，主要还是要看它的胎色和胎质。建窑用的是乌泥胎，胎色黑灰或紫黑，胎质较紧密厚实，沉着无光；而吉州窑胎质较疏松，界于瓷陶之间，胎色主要是土黄和土红两种。

建窑的胎体都是厚重坚致。其底为浅玉环圈足，修胎草率有力，刀法自然，可见旋坯纹。建窑器物以碗盏居多。其造型口大足小，状如漏斗。有敞口和合口两种口形，以敞口为多。建窑施釉器体内外均施，以浸釉法为主，外部施釉不到底，下面露胎。这是为防止施釉过满，釉水垂流，造成粘连而产生废品。因釉厚垂挂，在黑釉盏的外面下方，常可看到因釉水流动而凝聚成的滴珠状的釉块。

下面我们试以兔毫盏为例，说一下鉴识宋代建窑黑釉茶盏的一些要领。

兔毫盏是建窑当时烧造的一个主要品类。真品典型的兔毫盏翻边束口，底足无釉。胎为乌泥色。釉面呈条状结晶纹，细如兔毛之尖。兔毫分黄、白、蓝等几种窑变色，分别称为金毫、银毫、蓝毫等。也有叫玉毫、异毫、兔毛斑、兔褐金斑等名称的。

要鉴识真伪，先看造型。真品造型敦厚古朴，大小适宜，线条自然流畅，修胎随意大方。端在手上，散发出一种古意盎然的气息。仿品上手，感觉比宋盏要略大些。外观过于规整，胎釉比真品要显单薄，制作过于灵巧。总之，古韵嫌不足。多看真品，不难感受。

再观其胎体。真品上手较沉，有压手感。乌泥胎胎质坚致，修胎随意有力，虽粗糙却自然。圈足虽是玉环式，但较浅而近于平底。由于宋代施釉常用浸釉之法，工匠须手捏圈足，盏口朝下，浸入釉浆。这样，在圈足边缘的胎面上，有时会留下工匠的手指痕，这也是真品的一个特征。另，圈足内沿常可见少许浅黄色的垫饼残迹，因高温烧造而粘附于上，不易脱落。这一点，也是真品的特征之一。胎底于放大镜下可见呈肥腻状，这是时间造成的状态，所以无法做出。仿品在放大镜下是做不出肥腻的玉质感来的。常见的仿品的胎土加工过细，修胎过于整齐。胎壁稍嫌薄。圈足弧度过圆，底足常挖得稍深。总体上，不似宋代真品的粗、紫、黑、坚，具有那种沉重感。

更重要的一点是观其釉面。真品的黑釉盏，由于运用浸釉法施釉，盏放正之后，釉水会从上到下呈自然流淌状。高温烧造后，口沿釉水较薄，多呈黄褐色。从上到下釉水渐次变厚。兔毫流淌下垂，呈现出一种上浓下淡，曲弯

建窑兔毫盏

而不规则的状态。纹理流畅而均匀。阳光下黑色釉面闪烁
出金红色的光点,兔毫发出金、银,或蓝色的光芒。釉色肥
厚,有玉质感。仿品因胎釉提炼不够,杂质偏多,因此,釉
较难烧出应有的光芒和色彩。仿品黑釉窑变的效果勉强,
兔毫的感觉不强。釉面显干燥,放大镜下感受不到肥腻的
玉质感。窑变的兔毫条本应是向下快速流动形成的。但仿
品因胎釉配比和窑温控制不当,铁质过多(真品胎中铁
质含量在 9% 以上,烧造窑温在 1300℃ 以上),导致流淌

宋建窑窑变天目盏
口径 12.2cm,高 4cm 1951 年定为日本国宝

受阻。真品垂流有如烛泪，厚而没有规则，参差不齐。仿品过于薄，过于整齐，不自然。

宋代黑釉盏一般都是出土器。经过千年的泥土腐蚀，釉面用手摸起来应有一种扎手感，放大镜下可见坑坑洼洼的麻子状和条状的侵蚀痕迹，严重的可见露胎之处。另，褐色兔毫比黑釉更易受侵，因此，用手摸之，可有凹凸不平之感。放大镜下可见兔毫凹陷于黑釉之下，这就是时间的烙印。仿品釉面常平滑、光亮，黑釉和兔毫在同一平面之上。也有用强酸腐蚀处理，使整个釉面受损，变得死板无光，没有温润之感。也有用金刚砂或砂纸打磨口沿做旧，仔细观察，可以识破其做假伎俩。

同样，鹧鸪斑油滴盏也可大致运用上述方法来鉴定。真品的油滴盏器身布满斑点。呈金色、银色、蓝色、黄褐色等，大小不一，排列有序，整齐而又富于变化。在盏的束口处放大镜下可见呈色干燥，有自然开片。釉面上的油滴处，在放大镜下可见玻质结晶状，也有开片。但黑釉底色上则没有开片，这也是建窑黑釉的一个特征。底足露胎，虽粗糙，却有肥腻感。仿品釉水垂淌常显无力，有火爆气，或经做旧后，死板无光。放大镜下常见不到开片，底足也没有肥腻感。油滴的色彩变化不多。而真品的色彩变化丰富多彩。这种不充分的窑变现象，说明仿制者还没有真正掌握古人的窑变技术。油滴盏仿制较难，因此，鉴定市场出现的仿品，较之兔毫盏要容易些。仔细辨别，不难分出真假来。

建窑黑釉盏

第七讲 宋元影青瓷和元代青花瓷鉴识要点

宋元影青瓷鉴识要点

宋代影青釉刻花小瓶

　　所谓"影青瓷"，就是宋元之时在南方所生产的一种青白瓷。其实，我国白釉瓷器在隋唐时代就有烧造。唐代，邢窑已取得很高成就。宋代，白釉瓷在河北定州达到了历史高峰。当时，在南方以景德镇窑为主的一批窑口所烧造的青白瓷，受了到北方定窑、钧窑、耀州窑等瓷窑的影响，因此，在影青瓷中，也可以看到上述窑口的某些特点。在景德镇地区，由于瓷土、柴木、交通、技术等方面的种种优越条件，其烧制的青白瓷胎质洁白精细、薄透而又坚硬，釉色白中闪青、晶莹如玉，深受大家的喜爱。所以，以景德镇为主的青白瓷系也就成为当时江南的两大瓷系之一。

　　宋代是一个崇尚玉器的时代。但一般老百姓用不起，因此，就在烧瓷上做文章，把瓷器做得极尽精细，烧造出一种玉的效果，其质感犹如青白玉一般。这是在鉴识宋代影青瓷时首先要考虑的。如干枯无光，釉面粗糙，或反之过于浊润熟滑者，则要慎重。宋影青的胎色是洁白的，淘洗得很精细，有的器物精到几乎脱胎的程度，迎光薄可透亮。但由于历史条件的限制，手工淘洗的胎土仍是细中有粗的，而且，宋影青中尤其是湖田窑、湘湖窑产品在其底足的露胎之处，在白胎中间应有焦状像伤疤样的铁质析出，这是重要特征。此外，在制胚和上釉过程中总会出现不够均匀之处，坯胎有厚有薄，北宋之物在釉面上应有流淌。宋代之物，一般出土者为多，即便是传世品，也应该有过入土的经历，因此，都应有土沁之痕，尤其是有开片的地方，应可看到。如遇胎质过分精细洁白，状如粉末，露胎

南宋湖田窑影青釉盏托（盏和托口沿均因有残而经修饰）
通高 9.8cm，杯口径 7cm，杯高 4.7cm，托面径 12cm

南宋湖田窑影青釉盏托底面

南宋湖田窑影青釉葵口
边大碗底面（下为俯视
态）
高6cm，口径19.5cm，底
径6.2cm

和釉面均光润一无瑕疵，看不到任何老气者，须小心。元影青无论胎釉均比宋代要粗糙，此外，从烧制方法上，也可辨别其年代的先后。

宋代影青，在北宋时期釉面多光素无纹，正烧和覆烧都有，至中期以后，出现刻花、篦点、篦划和印花装饰，也有少数贴塑。至南宋则盛行印花，盘碗多覆烧，纹饰题材、布局方法明显受定窑影响。元代影青制作渐粗，显得笨拙，不如宋影青精细灵巧。在烧制方法上只有少数采用覆烧，大部分恢复正烧，所以，器物一般口部有釉，而足部无釉。造型基本沿袭宋代，但盘碗底足大多为很浅的圈足，有的甚至浅近平底。元代影青在装饰上又归于简洁，印花减少，一般都为刻花和划花，很多器物又都是光素无花了，少数器皿出现红褐色装饰点。在器型上，影青的烧制以日用器皿为主。一般多见于杯碗盘碟、执壶、注子、盏托、瓜棱罐、瓷枕、香熏、盒子、盖瓶和谷仓等。如遇少见而又特别的造型或与时代不合的装饰，则要慎重。

眼下市场上仿伪之品颇多，在收藏时要多注意鉴识的要点之处。要从釉色、胎质、形制和旧气等几个方面去综合

南宋影青釉墨书"××邠城"款划花碗（右为底面）
高6cm，口径17cm，底径5.3cm

考察。凡是釉色过于精美,又不顾时代特点者;或胎质过于细白者;或人为在胎体加沙,手感偏重者,均应慎重。有的仿品釉色闪蓝、闪黄,刻、划、印花粗浅模糊、线条呆板;有的在内底或器壁可见均匀细密的旋纹;有的以泥浆、油污来作旧。或人为做出的土沁和灰皮(真的土沁和灰皮,无规律可循,作伪者常有一定的规律可循),又不见因时间和环境所形成的真正旧气;等等。如遇其中之一,你就要慎重对待,切勿轻易下手。否则,上当的就是你。

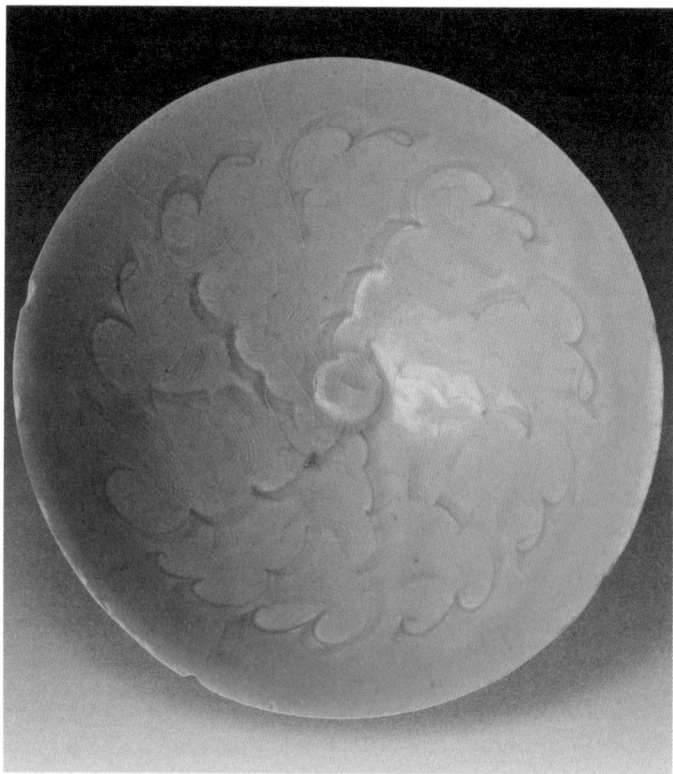

南宋影青釉刻花碗

元代青花瓷鉴识要点

元代青花飞凤纹方形
水滴

对于青花瓷器来说，元代是一个重要的年代。虽然元代以前，在唐代和宋代，已发现有青花瓷器的生产，但是，白地蓝花的青花瓷器到了元代才是真正达到了烧制的成熟期。20 世纪 40 年代以前，元青花瓷还不大被人注意。至 20 世纪 50 年代，美国学者玻普对照土耳其、伊朗宫廷和寺院所藏青花瓷瓶，对英国达维德基金会所藏"至正十一年"款青花云龙象耳瓶进行研究，将其定为标准器，从而定出一批所谓"至正型"青花瓷，元青花才引起了人们的注意和重视。目前已知，在伊朗国家博物馆藏有元青花瓷 28 件，在土耳其托普卡比宫藏有 43 件，比之伊朗的更要完美。正因为对元青花认识时间不久，因此，历史上没有元青花的仿品，现在市场上见到的仿器，均是当代人所为。

成熟的元青花官瓷胎质紧密洁白；釉色纯净透明；运

元代青花海鳌山形笔架　杭州博物馆藏

元代青花观音塑像　杭州博物馆藏
高 19.6cm，底宽 13.5cm

元代青花暗刻龙纹高脚杯
残器

元代青花瓷残片（一）

元代青花瓷残片（二）

用进口或国产青钴料；已熟练地掌握了釉下彩绘的工艺技术。因此，鉴识元青花也可从这几个方面入手去进行辨别。

元代的青花瓷，特别是其中晚期景德镇窑所烧造的产品，可以代表元青花的最高水平，其胎釉和青花用料上通常有以下一些特点：其胎骨厚重，形制一般较大；使用麻仓土或高岭土制胎，胎质坚密洁白，但当时胎料的淘练技术不如明清时精细，尤其在一些民窑产品上，露胎处可见到有砂眼、刷痕和铁质斑点。官瓷产品情况要好得多，有些铁斑和砂眼，但不影响整体胎质的坚密和洁白度。底足和缩釉处常能见到一种火石红斑；出口元青花器上常可见波斯的装饰风格。

元青花施釉较厚，但不是十分均匀，烧成质量较好，釉面光亮滋润，给人一种如堆脂般的油润感，这是重要鉴别依据。在釉薄处透过釉面能见到胎上泛出的一种近似肉红的颜色，这一点，也是鉴识元青花和明代永乐瓷的一个重要特征。因此，如遇釉色干枯单薄，又没有肉红色从釉下透出的所谓元青花，十有八九是后仿之品。

元青花使用的青花钴料有国产和进口两种。国产钴料产地以浙江、云南、江西为主，由于内含成分高锰低铁，因此发色灰暗。这些大都用于云南玉溪窑、浙江江山窑所生产的民用瓷。元青花官用瓷所使用的进口钴料俗称"苏麻离青"，主要用于生产外销瓷，少量流入国内市场。这种料的特点是低锰高铁，烧成后其色料全部熔融于釉中，形成蓝色玻璃相。青花绘画大都采用涂抹的方法，发色浓艳，但在蓝中也泛出一定程度的灰度，有晕散现象，青色浓厚之处，常有黑色铁斑析出，产生一种点染似的特殊效果。这种效果，是"苏麻离青"料的一个特征。但烧造得好的精品元青花也未必一定有黑色斑点析出，铁质黑斑毕竟是一种缺陷，在土耳其伊斯坦堡博物馆所藏的大量元青花瓷就都没有黑斑。因此,鉴识元青花所用的进口料,黑斑既是一个重要特征,但又不是唯一的依据。有人说是用的两种料,即用"苏麻离青"料的有黑斑;而用"苏泥勃青"料的则没有黑斑。这种说法是无知的表现。本人以为,并没有什么两种进口料,两种叫法只是翻译的不同,而有无铁斑,关键还在于烧造技术上的差异。鉴别时主要还是看这种青钴料在釉下的熔融状况。烧造得好的元青花看上去就像蓝宝石一样闪闪发光,既好看,又耐看。"苏麻离青"中的"青"是中国人自己加上去的。在当地叫"苏来麻尼",是伊斯兰教一个圣人的名字。产地不在土尔其,而是在伊朗首都德黑兰以南 400 公里的地方。唐青花中的伊朗产料和元末明初所用的青花料,所用的都是这种"苏来麻尼"。这种料,矿石呈黑色,烧成后变蓝色。这种矿与铁矿、铜矿伴生在一起。此矿在 60 多年以前已封矿。典型的苏料发色,深蓝中透着纯蓝,亮丽、晶莹。沉淀、晕散、凝结。而现下加进氧化铁成分的化工料,会使发色不伦不类,加重笔渲染以后,面目更加可憎。在放大镜下,色彩苍白、单调、无层次。仿家是不可能使当年的苏料复原的。

此匜胎骨嫌细,施釉太薄,釉面无包浆,没有堆脂感。底面火石红系人工做出。青花仿"苏料",但铁斑系人工点乩而成。绘图仿元代,但做工太差,飞雁太呆板,无灵动之气韵。

现代仿元代青花匜

元青花双系罐

元代青花瓷残片（三）

元代青花瓷残片（四）

一般的仿伪之作，胎质常薄而过纯，手感偏轻；有的又过于沉重，但元瓷粗者自粗，精者自精，注重的是气势和力度，即使精者亦不失其粗犷的风致，仿品或轻或重，常不能做到恰到好处。仿品釉中没有真品中可见到的铁锈斑，或即便有铁斑也属人工做出，而非天然烧出。仿品胎底没有自然烧出的火石红（在出口元青花中，也有未见火石红的），通常是人为地涂出一层砖红色。元代器中常见的窑裂、棕眼等，在仿品中常不见。元青花底釉白中闪青，仿品则过于白净、均匀，又没有堆脂之感；仿品青花发色清淡，或颜色过深，有的没有晕散，有的又晕散过重，有的缺乏似铁锈的黑斑，有的虽有黑斑，但可看出系人为点厾上去的。真品青花上的铁锈黑斑系自然烧出，缩进釉面的，而伪作的铁锈斑则是浮于表面的。仿品由于制作时间不久，因此，釉面必定是显得呆滞无光，或反过来透出贼光，毫无灵气可言；真品则釉面滋润而肥亮，发出一种犹如凝脂一般的油光，看上去既明亮又凝重。

此外，要注意元瓷的造型和工艺特点。一般说来，元器大都底部无釉，多数器物底部有明显旋痕，个别有跳刀痕，并有粘砂。圈足有倒梯形、直角、平底和阔旋纹等多种。不是一种模式，一个样子的。元青花的瓶罐均是脱坯，不是拉坯。凡拉坯均是后仿。瓶罐类器都是外模托制、分段拼接而成，上部分段模合以盘泥条用手工抹平合缝而

元代青花堆塑龙首壶（有小残）

龙首壶底面至盖通
高20cm，嘴至把横宽
21.5cm，底径9.5cm

　　此龙首壶胎体厚实，胎质紧密细白。釉面白中略闪青色，釉色光亮
如镜，感觉肥厚如堆脂，从釉薄处又能见粉红色火石红透露而出。青花
用料系典型的进口"苏麻离青"的青钴料，因为年代久远，它从釉面
下面透发出一种似蓝宝石一样的美丽又明亮的光泽。这个壶，并非当
时的实用瓷，而是当时官家祭祀的用品。至于制作嫌粗的问题，元代
瓷器，制作相对粗糙一点也在情理之中。此壶当是元末明初的景德镇
窑产品。

成。细看可见段间接缝处有挤压出的胎泥。内壁釉面不平，有明显接痕，并常出现赤褐斑和小黑疵。同时，还应有手工的抹、压、按、挤的手工工艺痕迹，如果没有，就有可能不真。其瓶罐的底是后接上去的，因此，器物采用拉坯、旋削工艺就不对了（这种工艺一直延续到明代早期。明洪武瓶罐也用手抹，不用拉坯；永乐的瓶罐也全部用分段横接。直行对接就是清代的方式）。因为元青花大罐均系外模托制，高度一般在28—30厘米，若大于30厘米，就须谨慎。元代玉壶春瓶底足是圈足，不是浅宽的足。若是宽边的浅圈足，就是仿品。小型器底足中心往往有乳丁状突起。这也是断定是否为元代器的一个要点。元代高足杯足身相接是用胎泥粘接，可见足内上部有挤出的泥浆；而明代的高足杯是用釉来粘接的，足内上部光滑干净，没有挤出的泥浆。元代瓶罐类器物底部多呈内凹圈足状，内壁常呈自上而下往外斜撇的形式，挖足较浅。大件器露胎部分，往往粘有釉斑或较大面积的积釉块。瓶罐类器早、中期内壁不施釉，仅涂胎浆水。元末明初时，内壁施釉，但不均匀；圈足之釉不到底，一定稍有露胎，呈褐红色。在装饰上，元代的回纹是单个的，到明代就演化为双连回纹了。元代画花的花瓣常呈宝塔形，即第一层一个，第二层二个，第三层三个。以上特征，不仅元青花如此，元代瓷器制作工艺大抵都一样。顺便说一下元代枢府釉器。其特点为：大口小足，施乳浊釉，白中闪青灰，纹饰不清晰，有款，足墙是斜撇的。新仿品常反之。当然，这些都可以仿造，但唯有真正的旧气是造不出来的，因此，鉴定元青花瓷，须仔细观察其有无真正的因时间而产生的老旧痕迹，这是最重要的。仿伪之作常用挂泥浆、着油污来作旧，仔细审察，不难识别。

第八讲 明代早期瓷鉴识要点

明代洪武瓷鉴识要点

明代洪武青花莱鸭纹罐

明代洪武青花结带绣球
纹碗

瓷器发展到了明代,进入了一个快速的发展期,这其中,尤以景德镇窑的发展最为明显。洪武朝是明代的第一个时期,现在已知道,洪武时期在景德镇已有官窑瓷器的烧造。洪武期处于元末明初,因此,识别洪武瓷,既要注意其与元瓷的区别,同时也注意不要与典型的永乐瓷相混淆。

洪武期官窑瓷器的胎质与元代相仿,皆为白色,又比元瓷更要白一些,胎质细密,胎壁也相应要薄些。但与永乐官窑比则又显得粗厚而疏松,胎体中有针眼状细小裂隙。民窑器胎色灰白,胎质显粗,胎体也较厚。纵观明代瓷器的胎质,是早中期较为精细,胎壁也稍薄些,到晚期则胎质逐渐转为粗糙,胎壁也变厚些。在制造工艺上,有一些沿袭元代做法。如瓶罐的制胎,也用手抹,也是分段横接,不用拉坯。洪武期瓷施釉肥润,一般施青白釉,釉面白中泛青,民窑器尤甚。由于施釉较厚,圆器口沿均见积釉。民窑器由于胎体淘洗不精,杂质多,故釉面显青灰或灰白色。由于此期施釉肥厚,洪武期瓷釉面给人一种特别温润柔和之感。特别是官窑器釉面常见细碎的自然开片纹,底部常见刷有一层白釉浆,薄处泛黄,厚处呈乳白或青白色,光泽感不强。民窑器多为沙底,可见明显的修刀痕。仿品胎质或粗或细,官窑器釉面常过白或过灰。开片也可仿出,但纹里不见土沁,或人为作伪。

洪武朝的传世品中釉里红器较多见。但目前市场上所见到的所谓洪武釉里红器,十有八九系后仿,因此,要特别小心谨慎。釉里红器创烧于元代,在洪武朝得到了继

明代洪武青花菊花纹盘残片

明代洪武青花瓷碗残器

明代洪武青花结带云气
纹碗（有残，左为底面）

明代洪武釉里红瓷残片
（一）

明代洪武釉里红瓷残片
（二）

承和发展。由于属初创时期，烧制多数不成功，除极少数发色较红外，大都颜色淡而发灰，有的甚至呈暗黑色。常有飞红现象出现。在绘制手法上，在元代时，因不能控制飞红现象，因此较多采用拔白的涂抹绘法。而到了洪武朝，飞红现象已大都能得以控制，因此，用线描法来绘制图案增多。绘制精美的釉里红器，尤其是一些大器，大都是官窑器，一般釉面应有无色细开片。有些制作方法值得注意，在洪武的釉里红器里，除玉壶春瓶、玉壶春执壶和一些口径较大的碗做成釉底外，一般均为沙底。但又常在盘碗的沙底上刷上一层护胎釉浆，烧成后呈红色，多数能见明显的刷纹。

官窑青花器在当时要少于釉里红器。洪武青花所用之料多数国产料。极少数为色泽明快的淡蓝色，而大多数为发色浅淡，有的蓝中泛灰黑，这是该朝青花的一个特征。多数民窑器青花发色泛灰，有的纹饰中出现较大的斑块状黑青色，釉面均呈灰乳色。由于色料中杂质的原因，使得釉面着彩处也产生高低不平之状。在制作上与釉里红器一样，可参照来鉴识。仿品青花常发色过蓝或过灰。

看纹饰有利于在鉴识时作断代的参考。但看纹饰必须是在胎釉、制作、老气等方面都基本认定之后的一种断代依据。洪武朝瓷的纹饰，以花卉纹为多见，在花卉纹中又以扁菊纹和缠枝扁菊为主，洪武时所画的菊花均成椭圆形,而且是两圈花瓣,在元朝则是单圈的,这是与前朝相区别的一个时代特征。其他也见缠枝牡丹、西番莲、草叶、灵芝和鱼纹等。洪武期的扁菊和牡丹均留白边,扁菊的花蕊绘成细方格状。与元代不同的是,洪武期的折枝或缠枝莲叶纹都画成螺丝状,不同于元代的葫芦形;在大小上元代是大花大叶,而洪武时则明显缩小了。在元代仰莲瓣纹是每瓣都分开绘的,到洪武则已大都不再分开,而是合用一条边线,并出现了双勾边线而不填色的白描画法。蕉叶纹为双茎,中间留空白。云纹大都还保留着元代的风格,为勾边留白的长尾蘑菇云,后期的云脚变短。洪武龙纹已不如元代时凶猛,爪为五爪,而在元代绝少五爪龙,多数是三爪。洪武的回纹为一正一反的两方连续。民窑的碗上多见画意随便而率性但颇见气势、深淡有序的云气纹,仿品常画得拘谨而小气,两相比较,一看便知。在洪武器上不见松竹梅、庭院芭蕉和飞凤等纹饰,如发现这些纹饰,均是后仿之品。另,明初的梅瓶在造型上是唇口丰肩,而不是溜肩,如发现溜肩造型的明初梅瓶,必是伪品。当然,要提醒的是,前面说过,纹饰和造型只是一种断代的参考,主要还是要看胎釉、彩料和器物的老旧程度。这一点,在鉴识时务必要注意。

明代洪武青花福字纹四系小壶(两侧面)

明代永乐、宣德青花瓷鉴识要点

明代永乐青花瓷盘残片二件

　　青花瓷发展到明代,在元代成熟的基础上又有了长
足的进步。经过明初洪武的过渡期,到了永乐和宣德年
间,可以说是到了明代青花瓷的鼎盛期。这一时期的青花
瓷,一直被视为是中国青花瓷的典范,为后世所追仿。这
两朝的官窑器,多使用进口青钴料(即所谓"苏麻离青"),
但到了宣德朝后,也许是因为进口料的缺乏,有在一个器
物上合用国产和进口两种青钴料的现象。在制瓷的风格
上,永宣期的青花瓷已完全摆脱了元瓷的影响,形成了自
己独特的个性。由于在制瓷技术和工艺等方面,这两朝大
体一致,因此,历来都有"永宣不分"之说。但随着研究
的深入,仔细鉴察,还是可以将两朝瓷器区分开来的。现
择要介绍鉴识两朝青花瓷的要领。

　　两朝青花瓷的纹饰图案由元瓷装饰的粗放向秀丽、
典雅方向发展。由于用"苏麻离青"料在瓷胎上作画,烧
成后易产生晕散现象,一般不适合画要求图象清晰的人
物,因此,两朝纹饰多见植物图案,常见的有缠枝莲、牡丹、

明代永乐青花龙纹碗

菊花、牵牛花、石榴、枇杷、葡萄、荔枝、樱桃、灵芝、山茶等。动物纹多见为龙凤图案，后期特别是到宣德朝，又有少量的麒麟、狮球和海兽波涛纹出现。另外，庭园仕女、婴戏等人物纹图案也较永乐为多。特别要注意其绘画的用笔特点，与元代的刷涂不同，两朝此时的绘画，多为双勾填色，系用小笔一笔笔填绘而成。因此，图案上均可见填绘的痕迹，无一笔涂抹之作。在鉴识时，除了要注意其"苏麻离青"料的烧成特点外，还必须要观察其绘画的用笔特点。小笔填色也系永乐至成化前期明代青花细瓷绘画用笔的共同特点，这是鉴识的一个重要特征。永乐的甜白釉器在装饰上常见暗印花，而少见刻花。另外，在宣德青花器中，是没有青花加描金这类品种的。这些均需要在鉴定时加以注意。

从形制上，永乐期的盘、碗之类撇口器的口沿极薄，手抚之较尖而无圆浑之感。永乐细瓷的底不采用元代的斜削法，一般都是采用平削。宣德盘、碗之底多数有棱边感，不同于后仿者的"泥鳅背"。宣德器物以矮底足为多，大盘削足为倒梯形，圈足外墙内收，里墙外斜，用手无法抓起。宣德的卧足碗，真品较扁，卧足较大。足过小，碗过高都不对。

在款识上，永乐瓷一般都没有年款，极少数有款之物如青花瓷碗类器，均把年款书写于碗的内心部，且一律是四字篆书款"永乐年制"。自宣德朝起，款识装饰开始盛行，且落款的地方也随器物的形式不同而不同，并非只限于器物底部，前人就有"宣德款识种类多，宣德款识遍器身"之说。相对而言，官窑较多，民窑较少。同时要注意宣德年款的一些特定之点，如书写大都为青花写的楷书体，篆书少见。传世的完整器的四字篆书"宣德年制"款，多数是后仿，六字篆款更不可信。宣德的楷书款，沿用古碑体，德中间少一横。有一点请大家在鉴识时注意：明代官

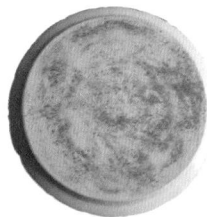

现代仿明代永乐青花莲塘纹菱花边盘（下为底面）

此盘胎质太细，系机器淘洗的结果。盘的口沿薄度不达真品的程度。底面经过打磨，火石红成焦糊状，系人工故意为之。青花铁斑系人工点涂而成。釉面无包浆，少滋润感，整器缺少一种灵气。

明代宣德青花瓷残片

明代宣德青花瓷残底

窑瓷的款识用的是沈度写的台阁体字。后仿者也有用台阁体，但常并非沈度所写的字。到了清代，官窑瓷的款识所用的是馆阁体，即皇家的公文体。当然，鉴识古瓷，了解其纹饰图案特点、绘制的用笔方法，乃至形制的特征等等固然重要，可这些后世均可依样模仿，因此，只能是一个参考因素，更重要的是要了解其胎釉的烧成特点。

永乐瓷的胎土淘洗得很精细，胎质纯净，杂质较少，抚之细腻有如糯米粉。烧成后，有肉红色透釉而出，除了在胎釉的结合处常可见到这种淡红的火石红外，在釉薄处也常从釉后隐现出肉红色来，这是鉴别的重要特征。与宣德相比，永乐的瓷胎薄而宣德厚，因而，永乐器轻而宣德器重。薄胎永乐瓷如盘碗之类虽边缘薄而透，但底心都是厚实而不透的，凡全部薄透者非永乐朝所出。另，薄胎永乐青花迎亮均可见胎质厚薄不均的现象，凡瓷胎厚薄均匀，大都是仿品。宣德瓷的胎质虽然也较白，但已明显不如永乐，所含杂质稍多，有的器物的露胎之处，多见氧化铁的红色斑点，而在永乐器上则是偶见铁斑。这也是永宣瓷胎骨特点的一大区别。宣德期盘类器底部偶有米糊底现象，即底釉中见黑点。这种现象，成化最多，宣德时虽有但不多。永宣的盘类器，一般都是细沙白底，无旋痕，没有火石红。底部有火石红的，一般都是后做的。但在宣德器底部露胎处，也有偶见属白胎而出现有火石红者，或有一层浅红色的涂抹料，但必定无旋痕，凡有旋痕者，皆非宣德朝所出。

在施釉上，永乐瓷虽然胎质较薄，但施釉很厚，薄胎厚釉是其特点，而且虽釉质肥厚，却不显臃肿。还因为高温烧造，永乐瓷釉色肥亮，白釉的转折聚釉处呈水绿色，釉内气泡虽也有大小之别，但没有很大的气泡，排列较松且通透，凡气泡大小一律者，非永乐瓷。宣德瓷大中小气泡都有，形成一组组气泡群，但群与群之间间距也较疏

明代宣德青花缠枝花卉纹菱花边盘　杭州博物馆藏
高 6cm，口径 33.9cm，底径 22.2cm

明代永乐甜白釉瓷残器

明代宣德祭红釉瓷残片

朗，凡气泡密集而整齐者大都非宣德瓷。从釉面看，永乐瓷显莹润，而宣德瓷则呈橘皮纹，白釉地有一层雾状效果。后仿宣德之器，白釉地没有雾状效果。宣德朝的黄釉质感匀净、深沉、鲜艳，不是乳浊釉。有一种永乐青花扁瓶，椭圆形底，胎为细沙底，既细又白。粗而不白者，为仿品。釉为甜白釉，凡闪青者即为现代仿品。永乐甜白釉，既白又厚，很肥润，如脂如乳。器物看似很重，但拿起来则较轻。另，凡明代的瓶罐，必定上下横接，洪武、永乐时的瓶罐全部都是分段横接的。若为前后对接，就不对，这是清代的做法。宣德的大件器均为分段接合，凡见前后身模制而成者，均为仿品。盘类塌底现象明显。明代器底釉没有波浪釉。凡瓜棱形器其底足一般也应是瓜棱形的，外瓜棱内圆形就不对。但，也有特例，"台北故宫博物院"藏有一个宣德瓜棱碗，它的底足就是外瓜棱内圆形的。因此，遇到这种情况，就要考察其其他要素是否符合特征，再下定论。

此外，要注意"苏麻离青"料的烧成效果。真品晕散现象明显，且它的铁斑沉着胎釉之中，侧看可见明显的下凹现象，色泽也较深。伪品青花没有晕散现象，铁斑色泽较淡，而且浮于表面，有的系用人工点凫而成。

关键的一点，永宣距今已 600 年左右，因此，传世品都应有较厚的包浆，釉色应十分清亮，且因包浆缘故，青花应在釉下发出幽光，凡釉面发闷，青花飘浮而发暗者，十有八九是不对的。

明代永乐釉里红瓷残器

明代宣德祭蓝釉瓷残片

明代正统、景泰、天顺青花瓷鉴识要点

　　明代宣德之后、成化之前的正统、景泰、天顺三朝,共28年,虽历时短暂,但战乱频繁,各业凋零,影响到瓷业生产,与前朝永、宣相比有所下滑。另,由于资料缺乏,烧瓷情况也难以洞明,加上这段时期出土、传世的瓷器数量较少,有关的研究文献也极有限,因此,研究界就把这三朝时期称为明代瓷业的黑暗期或空白期。但随着人们对三朝瓷业研究的深入,发现这个时期虽然尚未见到署年号纪年的官窑瓷器,但是瓷业生产并非一片空白。可以确认,当时不仅有官窑生产,民窑瓷的烧造也仍然是很活跃的,从未有过间断。而且,无论是纹饰还是胎釉、用料均有着较为鲜明的特色。试将识别要点概述如下:

　　先说纹饰。其总的特点是由宣德时的繁密向成化时的疏朗过渡。图案花纹以缠枝和折枝的花草为多,如缠枝莲、缠枝菊、折枝牡丹、松梅竹等。本期的蕉叶纹多为连弧状宽边,主脉空勾留白,支脉画成并列细斜线。松针早期为圆形,后期呈椭圆形。梅花早期多蓓蕾及半放的小花,后期则夹画数朵大花。竹子早期竹杆空勾,后期改成一笔实线。竹叶在元代都是向上的,到明代以后开始向下画了。这个时期的柳丝画成条条直线,犹如断续的雨点。动物纹中,常见麒麟、孔雀、犀牛、狮子和鱼纹等。星象图也较常见。有人物的图象多见楼台亭阁、琴棋书画、携琴访友、仙人指路等内容。而且,人物大都活动在云雾幻境之中,人物的脸部鼻尖突出是一个特征。所画云层常迷漫天际,或从地上涌起,缭绕于亭阁之间,造成一种亦仙亦幻的气氛。云纹的轮廓线很宽,沿着粗线内侧再用细笔画数层连接的弧状云纹或涡状云,这种大片流云纹的画法,至景泰以后,演化为弹簧状,而且,笔法也更加泼辣恣肆,层数也更多。天顺之后,云纹画法出现简繁两种画法。简者

明代空白期青花瓷缠枝花卉纹盖罐

仅在宽边轮廓内勾一层细线，再在其内侧缀以细笔连弧云纹若干；繁者则在宽边云纹轮廓内沿线急笔画上四五重弹簧云，绘意比景泰期更要放达。这种画法被日本陶瓷界称之为"云堂手"，为此三朝所独有。除了飘带状如意云纹以外，尚有三眼蝌蚪云纹、"壬"字形灵芝云纹，和成"器"字排列的"壬"字云与蝌蚪云的组合等画法。碗盘之类的四周沿边常可见有卷曲形花草纹，状如螺纹，也为三朝民窑青花装饰的典型图式。要注意的是，纹饰和形制都是可以后仿的，它虽然是断代时的一个重要依据，但是，在鉴别真伪中，纹饰只能是一个参考因素，还是要从它的胎釉、彩料和老旧痕迹等几个方面来仔细观察。

明代天顺青花奔马纹碗底

这一时期的产品大都是民窑器，胎、釉制作较粗，削足也不太规正。器物显得厚重。器物底足从总的倾向来说有加宽的趋势，足宽而深是本期民窑器的普遍特征。空白期罐底面不应是螺旋纹的，而是内凹浅宽圈足。里面应是泥条盘底，再拉胚出来。瓶、罐类早期底部无釉。至后期，圆器多为釉底，砂底少见。碗、盘类器底足跳刀痕明显。正统期胎体厚重为多，胎骨细白坚致。釉色青白，釉层莹润，肥厚如脂，少数釉色泛黄，釉面有开片。至景泰，胎质兼有粗细两种。胎色由洁白向灰白转变。釉色白中泛青，釉层肥厚如脂。至天顺，胎色于洁白或灰白中，减少青色，白度增高，釉面平整莹润。器物的表、里和底釉色调比较一致。青花用料分进口和国产两种，但以国产料为多见，天顺以后基本采用国产料。用进口料者，色泽浓艳明快，色深者色浓处有铁锈斑。用国产料者，呈色深蓝，色浓处泛黑。也有偏淡者，色调向成化靠拢，这些一般出现在天顺朝为多。用国产料者色深处也可见黑褐色锈斑，黑斑也略见下凹，不过不像苏麻离青料那样深入胎骨。如果釉面常出现黄斑，这是作旧所致。

明代天顺青花乳虎纹碗

明代天顺青花乳虎纹碗底面

三朝均未见有官窑款器。民窑器中偶见有纪年款者，

明代空白期青花人物云山纹梅瓶

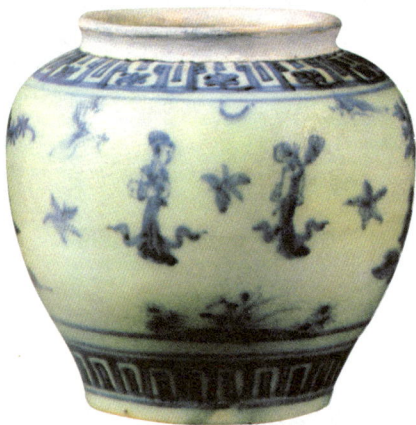

明代空白期青花人物纹罐

大都系明代后期的仿品,须仔细鉴别。三朝距今已有 500 多年,应特别注意岁月在器物上留下的痕迹。传世品的瓷面上应有较厚的包浆,在青花上应有水头。此外,不管以何种方式保存下来,总应该有相应的旧痕留存于上。作假者可以以油污或腐蚀作旧,但却较难做出真正的包浆。伪品常对胎体厚薄掌握不好,常过轻或过重,胎质常过细或过粗。画意常显呆板。凡见青花无灵气者,哪怕图式、形制都对,也要多加小心。

明代早期青花简笔山水纹碗（左右为两侧面）

第九讲 明代中晚期瓷鉴识要点

明代成化、弘治、正德瓷鉴识要点

明代成化青花碗残片

明代成化青花瓷残片

明代成化青花瓷残底

通常把成化、弘治、正德三朝称之为明中期。在经历了前三朝的波动之后,景德镇的瓷业生产到了成化年间又进入了一个高峰期,特别是其胎釉的质量均超越了永宣,成为历代之最。弘治时间不长,在瓷业上多继承而少发展,与成化相仿,因而,在瓷器鉴定上有"成弘不分"之说。至正德,无论用料或制作均较前两朝略粗放一些。细分如下:

在制胎方面,成化瓷特别讲究,其胎骨非常坚实又洁白细腻,修胎规整,胎质的精细程度超过永乐、宣德时期,器物的胎壁也比以往的要薄。但民窑器也有修胎较粗的。碗类器的足根细圆,足径变小,足根处常见淡的枇杷黄窑红,有的在足部釉内透出淡淡的红色。弘治年代较短,在制瓷上基本沿袭前朝,在鉴定上有"成弘不分"之说。但有几点可在鉴识中作参考:一、弘治盘必定塌底;二、弘治器底足稍矮,后仿者则底足稍高;三、弘治器底足处白釉发灰或泛青,与成化有区别。至正德时则瓷质见粗,胎质的精细程度不如成弘时期,器物胎壁也较前稍厚重,琢器接痕明显。当然,这只是与成弘时期相比而言,与明晚期相比还是要胜出一筹的。

以瓷釉而论,成化的釉质在历朝以来是最好的。釉面光润纯净,洁白细腻,较少棕眼,用手抚之,有玉质之感。釉色有偏白与偏青两种,但无论哪一种,官窑制品其内、外及底釉的釉色都是一致的,这也是成化官窑的一个重要鉴识特征。成化时期,白釉的釉色白中微显黄色,官窑的釉色显淡牙白色,肥润光亮。民窑器也有偶见桔皮纹

明代成化青花人物纹罐（左右为两侧面）

的。此期常见"米糊底"，即底釉中见黑点，这也是鉴识的重要特征之一。青花瓷的外底常见不平的波浪感。成化黄釉器不多见，烧制常不大成功，釉面不很匀净，釉色黄中微带绿色。弘治器施釉方面与成化相仿，但略厚些，因此釉面更显细润。白釉器与成化相似，但稍带点灰，有的甚至泛青。白釉器底部见灰或泛青。如弘治的白釉盘、碗，其底足内的白釉往往多有白中泛青的特点。弘治黄釉器的烧造则取得了巨大的成功。施釉较厚，瓷胎结合紧密，釉面特别滋润，颜色娇嫩，世有娇黄釉（也称鸡油黄）之称。正德朝施釉一般较厚，釉色肥亮，釉质比之前两朝稍粗。白釉一般为粉白色，也有白中带青。底部施亮青釉，这是

　　正德青花瓷最主要的一个特征。黄釉较弘治差一些,淡淡的,不太光亮。正德期创烧出孔雀绿釉相当成功,施釉较薄,颜色鲜艳,犹如翡翠一般。要注意的是其(包括孔雀蓝)施釉不太匀净,有厚薄不匀的状态。如果太匀净了,就不真。三朝气泡均小而密集,底部成鱼子状,且通透,仿品常缺乏通透感。在明代,制瓶上边的双耳常不施釉,这是为了施金。这也是明代施釉上的一个特点。

　　青花瓷用料,从成化起已一般不用"苏麻离青",而改用平等青(也称陂塘青)。这种料与"苏麻离青"的浓艳又深浅不均并常有蓝黑色结晶斑不同,它比较柔和秀丽,给人以淡雅、舒适之感,而且发色稳定,蓝中略带点灰,适合于画人物和各色花卉。弘治青花与成化相仿,正德前期仍用平等青,但较前两朝稍显灰暗。后期使用石子青,这种料色泽青中偏灰,大都清淡无华。底款见双方框的是成化后期的产品。

　　从成化起,已开始改永宣时期的小笔着色法为双勾线条,一笔涂抹的着色法。这种所谓的"分水"描绘法即起于成化,具体说即用浓度大的青花料先双勾图案,再用浓度小的青花料平涂上色。此外,有根的花卉是成化瓷的特殊标志。成化有以梵文作为装饰题材的,至正德官窑又

明代成化花草山水纹斗彩瓷小罐　　　　　明代成化至弘治青花松鼠葡萄纹碗

见运用波斯文作为装饰的图案。元明两代，在瓷器上经常可见到回文图案，区别的方法是：元代是单个的，而明代则是两个一组，一正一反。

成化朝的斗彩器极负盛名。但此种品种特别名贵，当时即数量有限。眼下市场上可见成化斗彩器特别多，叫价也不贵，可以说市场所见几乎无一真品，购买时要特别多一份谨慎小心。鉴识成化斗彩器，胎釉细润，迎光对视，可见胎釉中透出一种肉红色。这也是鉴定成化斗彩的一个重要特征。斗彩瓷的施彩，孙瀛洲曾总结了两句要诀，可作参考："鲜红淡抹绿闪黄，姹紫浓厚却无光。"其中的紫色是紫中闪褐。在仿品中若见一种浅青莲紫色，即可断其伪品，因为明代无此色阶。鉴识此三朝之器，既要考虑其形制和装饰风格等等各种因素，但这些均可以仿制，因此，还是要从胎质、施釉、施料等几个方面来综合考虑，尤其要看有否真正的旧气？传世品要有釉上包浆和使用过痕迹，出土器须见灰皮或土侵之痕。有年代的胎、釉和彩料与新货其外在表现是完全不一样的，这就需要平时多看真品，多看瓷片，从中慢慢去体会，别无他法。成化鸡缸杯与康熙的仿品的底款的区别在于，成化的双方格蓝款在拐弯处如中国书法，稍一停顿再下来，而康熙的就没有一拐再下来。另，康熙的用色较谨慎，淡了一点。因为它是模仿，太小心了。

明代中晚期的龙，典型的画法是张嘴露牙，猪鼻圆眼，羊眉鹿角，毛发上扬，细颈曲身，五爪有力。明代中期后盘、碗的大致特征是圈足内斜，足尖旋削不精细，见棱见角，底下塌。

历朝以来，仿成化器的极多，自明至清均有。但掌握要领，仔细辨别，还是不难识别的。如明晚期的仿品，款识文字均不规整；清康熙仿品款识文字纤弱方正，图案板滞无神，釉面常成粉白色或青白色；雍正朝的仿品则款识无

明代成化斗彩花卉纹高脚杯

现代仿明代成化斗彩高脚杯

现代仿成化器胎釉均无法达到成化器的精细和滋润。彩料也与成化时有异。真物彩绘潇洒、灵动，仿品则呆滞、拙劣。杯上的土沁、灰皮系用胶水、黄泥等物做上去的。

力,釉面也作粉白色;嘉庆朝的仿品则款识潦草,胎釉粗
糙;现代仿品,制作粗糙,画工拙劣,又毫无旧气,所有旧
气都是人工做上去的。

明代正德青花山水人物纹三足炉

明代正德青花云兽纹罐

明成化龙纹盘

明代嘉靖、隆庆、万历瓷鉴识要点

　　明代自嘉靖朝开始，进入晚期。自嘉靖之后，瓷器烧造上似乎已是一朝不如一朝。当然，官窑器中也有精美之物，但在民窑器烧造上已大都不如前朝之瓷。这是一个总体概况。要辨识嘉靖到万历之瓷，在大致判定是明瓷之后，首先要了解这个总体概况，然后，再去进行这三朝瓷的具体的辨识。要识别这三朝之瓷，笔者试从胎釉、彩料、纹饰等几个方面来举其鉴别要领。

　　在瓷胎上，自嘉靖起质量已远不如明代早、中期的淘细精细、致密洁白。嘉靖初期，胎质尚能与正德接近，之后便越见粗糙。虽官窑小件仍胎细釉润，但是，大件之物胎质已明显见差，胎壁也更厚。胎色白中闪灰。隆庆朝仅6年，因此，在瓷器烧造上与嘉靖朝变化不大，瓷的胎骨在精细程度上略有参差，但也不明显，胎壁比嘉靖略厚，一般民窑，若无款识，较难区分。到了万历，瓷土质量不如过去，胎质更显粗糙。民窑粗瓷的露胎处可见明显的黑色铁质沉淀，俗称"芝麻胎"。嘉万期的碗类器大都是俗称的"馒头底"，即底形上拱，合扑呈馒头状。底足浅直，边有些内凹态。

　　瓷釉方面，嘉靖朝初期与正德相似，一般施釉较细

明代嘉靖青花月映松梅竹纹碗（一对）　杭州博物馆藏
高5.2cm，口径13cm，足径4.7cm

现代仿明代万历出口瓷
青花 "五良太甫吴祥瑞
造" 款碗

五良太甫,系当时日本的
一位制瓷大师,曾到中国
来学瓷,在中国取名吴祥
瑞,此碗仿明代沉船的海
捞瓷。但碗上无海水浸入
之痕,只见有用胶水和泥
土涂抹的作旧之痕。绘彩
草率粗陋,与大师作品很
难相符。

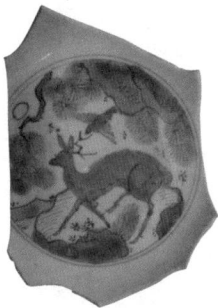

腻,中期显肥厚。白釉釉色,前期较白,中后期闪灰青。多
数为亮青釉,釉面不够平整,可见隐约的波浪纹。有一点
值得注意,嘉隆万器的底釉均为亮青釉,上品的底釉的亮
度常常要强于器身。嘉靖器胎釉的交接处有一线橙黄之
色,这是鉴识的重要依据。隆庆朝与嘉靖相仿,一般釉面
比嘉靖朝要稍细腻光润一些,白中闪青,多小件器,品种
只有白釉和黄釉两种。万历朝施釉则不如前两朝,要稍粗
些。品种与嘉靖相似。白釉比前两朝稍薄,釉色微闪青色。
万历的红釉器烧造极不成功,烧出来的红釉器均不纯正。
黄釉器传世极少,多见黄色偏深,无法与弘治娇黄釉相
比,而且,釉面不大匀净,并时有开片出现。万历的碗盘之
器除具有明代制瓷的一般特征外,底足足墙垂直或微内
倾,内折角圆润,呈虾青色。总的说来,嘉万期瓷,都有胎
较粗、釉不匀、造型不周正的特点,即便官窑也是如此。但
民国时的仿品往往胎过细,釉薄。在鉴识时要多加注意。

青花瓷用料上,在嘉靖、隆庆两朝和万历朝的早期,
官窑器均采用来自西域的回青料。这种青料,颜色蓝中闪
紫,配比正确的回青料色调特别浓艳,又无黑色铁斑,若
回青料比例太高或火候太过时,可见青花晕散,纹饰模
糊。这是识别回青料的一个要诀。嘉靖的青花料必定是深
入胎骨的,而新仿品则是浮在上面的。其中,隆庆朝青花
发色比嘉靖为深,最为悦目。万历早期用回青料,发色与
嘉靖相似。万历后期,因为回青料没有了,改用石子青或
浙青。由于回青料价格很贵,故包括嘉隆万三朝的民窑,
则一般都是用石子青或土青的,发色就偏暗、偏灰、偏淡。
万历后期细瓷也有用浙江青的,发色明快纯正。这种情
况,一直延续到天启、崇祯。有一个情况,可供鉴识时参
考,即从万朝起,直至清代康熙,在有些青花器上的青花
处侧光可见指捺般的水印纹。以此可以区别同用青料的
万历和嘉靖之器。即胎釉结合处呈现橙黄色线,而又无指

明代万历青花雀鹿(爵
禄)纹盘残器

明代隆庆青花双菊纹
盖罐

明代隆万期青花莲瓣洗

明代万历德化窑青花双
螭纹盘

明代嘉靖青花龙纹大缸　土耳其托普卡匹宫藏

捺印者,则可断为嘉靖之器。反之,如有指捺纹,则不管有无橙黄色线,均可判为万历之器。

在嘉隆万期的彩瓷烧造上,红釉器由于当时原料缺少和技术退步等原因,多用矾红彩施于白釉之上,来替代红釉。这种彩釉的特点是多数颜色较深而亮,红中带黑,色似枣皮之红,少数颜色稍浅暗。总的来说,明代的这种矾红彩一般色调不明快,而且多有伤彩之处。嘉万期的青花五彩器青料应用回青料,红彩应似枣皮。画工线条偏粗,如很细,风格就不对。本期中常见有红绿彩器,相比而言,嘉靖期的红彩要深些,万历期较暗淡,无光泽,而且常

明代嘉靖青花婴戏海螺纹碗（右为底面）
高 6.3cm，口径 18cm，底径 6.5cm

有焦状和剥落现象。两朝的绿彩都有绿中闪黄现象，如绿
色纯正，无闪黄，就不对。万历朝的五彩比较著名，数量也
多。鉴识要点是五彩中青花使用面积比以往要小，其他色
彩的面积扩大，用彩艳丽，红彩浓重，加上万历时彩画风
格以布局繁密凌乱为特点，因此，显得五颜六色、色泽浓
艳、光彩夺目。本期彩瓷器以民窑器为多，胎体一般均显
厚重，很少有薄胎的。胎质粗松，可见杂质。

　　在纹饰特征方面，除了承袭传统图式以外，因嘉靖皇
帝信奉道教，故当时瓷器上多见道教色彩的纹饰，如八
卦、云鹤、鹿鹤、三星等。花纹图案趋向繁缛华丽，但形象
却不如以前生动活泼。此时的婴戏图中，小孩的后脑勺画
得特别大，这是重要特征。同时，也多见小孩放风筝等图
式。此时的龙纹还是猪嘴龙，少数有张大嘴者，也有少数
正面龙。嘉靖时青花图案在画时也勾画青花轮廓，但整个
画面看，其轮廓显得非常模糊。隆庆时常见团龙、团凤、团
螭等图案。万历纹饰特点，彩瓷器上是花纹繁密、色彩艳
丽。彩绘一般都不大精细，花纹图案不太生动。青花器上
用的是分水画法，即以深色勾边，以淡色平涂填绘，轮廓
清晰，但缺乏层次。绘画中起笔和收笔用色深，中间拖痕
较淡，这是重要特征。此期所绘人物多数短躯大头，笔道
粗放。婴戏图中常见攀枝娃娃等图式。万历龙纹大都为侧

明代万历出口瓷青花高士纹罐

身行龙,双眼画在一侧,五爪折笔硬健有力。也有一些正
面龙,面部向外,犹若狮头。万历瓶、罐肩部多见锦地开光
花纹。须要指出的是所有这些均可后仿,因此,要识真,还
是要从老气、包浆等一些方面来进一步仔细考察。

　　此期之瓷,后仿较多,康熙、雍正,直至民国都有,当下
更有众多赝品充斥市场。康雍仿品胎体厚重,釉面呈淡亮
青色,纹饰较纤巧,青花色调呈翠毛蓝色。民国仿器底有明
显旋纹,青花色调灰暗,有漂浮感。现代仿品,制作过细或
过粗,图式呆滞无生气,没有真正的旧气和传世包浆。

明代万历青花狮子穿花纹
碗(上为底面)
高 6.2cm, 口径 12.6cm, 底
径 6.7cm

明代天启、崇祯青花瓷鉴识要点

收集古玩瓷器,对于初学者来说有两关比较难,那就是辨伪和断代。首先是识真伪。因为,你买了假货,断代也就没有了意义。因此,先要学会识真伪,然后再研究断代的问题。而且,断代又在某种意义上是辨伪的一种延续。

但辨伪又十分复杂,不是一两句话能说得清,即使对于鉴识专家来说,也不是一劳永逸之事。因此,只能具体问题具体讨论。这里,想结合自己的感受,探讨一下天启崇祯青花瓷的辨伪和断代问题。

对于天启崇祯的青花瓷,一般都是把它们放在一起来谈。因为,青花瓷发展到万历之后,已明显走了下坡路,而天启、崇祯制瓷风格比较相近。那个时候,由于制瓷业趋于衰落,官窑生产几近停顿,现在能见到的,大多是民窑器。此两朝的胎质显粗糙,盘碗类器的器底有点点黑疵,跳刀痕明显,部分有烧痕或有粘砂。官窑器较民窑器稍好,但总体均不如前朝。本期主要有三类产品:庙宇供器、一般日用瓷和销日本的外销瓷。就一般日用器皿而言,虽然也有精良之作,但大多制作较为粗糙。底足处理草率。釉色灰青。青花大都用石子青着色,少数也有用浙料的。色泽有鲜亮明快的,但大多数青花发色蓝中泛灰,有些甚至泛灰黑,无青翠之感。崇祯时还出现灰暗发褐者,青花多有晕散。天启崇祯之时,底釉的釉发青,并常有桔皮纹出现。明代天启之时,审美风格已完全突破了官窑程式化的束缚,大凡山水、人物、花鸟、走兽、鱼虫、静物,大至龙凤神仙,小到虾虫之微,无一不可入画。而且,画风疏朗随意、俊逸活泼、写意天然,颇具水墨写意的风韵,山水画面常以细线画成。很多文人画为画瓷者所吸取。如果再看到白兔款装饰,且底部见跳刀痕者,足尖略成尖状,

明代天启青花瓜棱形秤砣(下为底面)

明代天启青花婴戏纹小盅

明晚期青花狮子戏绣球纹罐

明晚期青花花卉纹小罐

明代天启青花花卉纹罐

明代天启青花白兔纹罐底面

明代崇祯青花秋菊山石
纹觚

一般就可以认为是明末之物。绘画风格与万历相仿,青花器也用双线勾边,中间一抹平涂的画法来绘制。此外,在明代晚期,画人物,大多采用陈洪绶(字老莲)的画法,大头阔脸。这种画法一直到清初都是这样。还有,古代画小孩,五官均在脸部的三分之一以下,否则就是现代的。崇祯时期的瓶、罐、笔筒之类,常在颈部和近底部位装饰两圈暗刻花的图案,部分器物上有酱口,这也是辨别崇祯之器的一个装饰特征。崇祯的筒瓶底面非常细白,圈足的露足要多一点。当然,仅以此理念去辨别,却往往会上当。笔者就因此而上过当。

后来,在见到真正的天启崇祯的青花瓷后,方才悟到,有些东西仿品完全可以依样而做得和真品无异。如窗格纹、白兔款、瓷釉色调、造型制式等等,后来人均可仿制,因此,不仔细辨认容易上当。要鉴识真正的天启崇祯瓷,首先必须看得懂明代瓷器的釉色。明瓷与清瓷不一样,由于年代久远,传世品包浆厚重,故釉色较清瓷尤为清亮。凡釉色暗浑,釉面无亮润之色,青花呆滞毫无灵动之气者,即便纹样风格、制式造型、青花发色均对,也不要轻易认定。还有一点很重要,即嘉靖期瓷器的胎釉之间常有一线橙黄之色显现,而且自万历以后,在青花的涂抹处,已有指捺水印纹出现。而窗格纹装饰一般出现在万历之后,因此,如在釉色和青花发色上可认定是晚明之物后,如胎釉之间无橙黄色调,又可见指捺水印纹者,加上纹样上有窗格纹、白兔款和底部见跳刀修饰者,再参考其他特征,如均符合,则断为天启崇祯瓷应无大错。因年代久远而生出的包浆,虽然现在也有仿造者,但仔细辨认则不难区分。而水印指捺纹则较难仿造,当是鉴定时的一个主要依据。当然,这种断代也是大体而言的,因为,无论是水印指捺纹也好,胎釉之间的橙黄色调也好,均不是绝对的。应根据具体情况,才能做出相应的判断。

第十讲 清代早期瓷鉴识要点

清代顺治瓷鉴识要点

顺治朝历时 18 年。上接崇祯,下连康熙。早期瓷器,多近明晚期的风格,晚期风格又与康熙相近。若没有款识,鉴识时有一定的难度。由于明末清初战乱较多,官窑生产几乎处于停顿,晚期有所恢复,但质量也不高。倒是民窑生产几乎没有停顿过,尤其是出口瓷的生产,一直维持着相当的规模。

总体说来,鉴识顺治瓷虽有一定难度,但根据其胎釉和彩料特征以及它的某些特有的装饰风格,还是可以进行辨识的。

顺治期瓷的胎体显厚重而坚致,但胎料还是洁白细润的,比明末时要坚硬而细润。器足很规整,盘类器的底部已很少出现下凹现象。顺治器底足大都不施釉,但做得比较光润,可见到螺旋纹。这种做法一直延续到乾隆时,之后就较少见了。削足方式,罐的底边旋削锋利。随着时间推移,少数由斜削成尖状的逐渐演变为滚圆的泥鳅背状,器足少有粘沙。因为用胎料厚重,胎质又相对显粗,因此,盘类器的底部常能见到窑裂之痕。顺治期炉一类的器物的底足都是做成饼底实足的钵式,底部常可见到明显的跳刀痕。在清初,底胎上常见有黑点,叫荞麦地,这也是清初瓷胎的一个特点。顺治期所用的白釉料颜色发青,不少器物外部釉色呈鸭蛋青色,光亮度不强,仿品有时釉面发色过青。釉面和胎的连接处常可见到一线淡而鲜纯的火石红。早期的粗器,釉面常显得较为混浊。本朝器物的口沿常好施一层酱黄色的釉,深浅不一。这种施酱黄色釉的装饰风格,也是识别顺治瓷的一个重要特征。另外说一

清代顺治青花洞石花鸟纹筒瓶

点，浅淡的蓝釉在清代时是没有的。在清代早期的青花五
彩器中淡淡的湖水绿釉，和如漆一样黑得发亮的彩料，其
他朝代也没有。

　　本朝的青花瓷以民窑居多。青花器大都造型厚重，发
色上早期用石子青，发色灰暗，晚期也见发色浓艳者，稍
发紫，这是主要用浙青料出来的效果。青花器用于国内的
以庙宇的佛前供器为多，发色大多显灰暗。其中色偏黑蓝
一类，大多胎体厚重，色泽不够鲜亮，施釉厚处往往使纹
饰模糊不清；也有色淡的一类，色泽显淡蓝，类同明末之
器。这类器制作常显粗糙，与天启、崇祯的民窑青花器较
难区分。另一类用于出口，青花色泽相对显得青翠，器物
以盘、碗与象腿瓶、将军罐一类居多。清初罐形一般上大
下小，以后的比例上见收，下放大。有一种状如莲子的莲
子罐主要流行于晚明，到顺治还有。顺治期青花瓷在色料
的提纯和焙制工艺上已较晚明时有提高和创新，色调处
理也比晚明丰富，虽然不及康熙时那么多，但已能分出浓
淡和阴阳的层次。

　　顺治朝颜色釉器品种较少，能见到的仅有酱色釉、黄
釉和白釉数种官窑器，而且以盘类为多见。黄釉器常见以
暗刻龙纹为装饰；白釉器釉色白中泛青，釉面肥厚，但光
亮度不足，口沿多数施酱黄釉，盘类器中常见刻有缠枝莲
纹饰。顺治彩瓷主要用于出口，少见青花五彩器，采用在
釉面上直接绘彩的方法。多见用红、绿、黄彩，虽不像万历
时那样浓艳，色泽较淡，红色容易褪脱。但与中晚期相比，
早期的矾红彩颜色较鲜艳，中晚期后则红中泛黄。绿彩也
是时代越早越绿、越透，后来就显浑。

　　有些纹饰具有时代特征，可供在鉴识和断代时作参
考。本朝之器常见有云龙纹。所画之龙，龙身常被云朵所
分割，使龙呈时隐时现之相，所谓"云龙三现"。本朝的龙
纹也被俗称为"鸡爪龙"，即其龙爪常画得状如鸡爪，是

清代顺治青花双龙戏珠
纹钵式炉（下为底面）

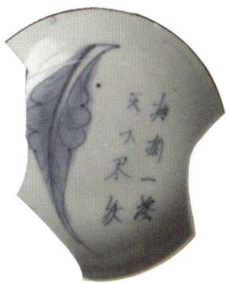

清代顺治青花秋叶纹碟
残器

此碟酱口,内以青花绘秋
叶纹,旁边草率地书写了
"梧桐一落,天下尽秋"
的字。这种"一叶知秋"
的图式,为顺治朝时仅
有。民国时有仿制,可根
据胎、釉、彩的不同来区
分。

其特征。留白画法在本朝也多见,当时常在龙毛和龙身之
间留一白线,也在本朝常见的括号云上以白线勾轮廓,造
成很强的装饰美感。清早期,包括康熙时,人物都画得高
大挺拔、顶天立地,脸上不抹红(雍正时有脸上抹红)。到
晚清时则逐渐缩小了。顺治朝的蕉叶纹常是一大一小相
间隔,小草画法呈鱼鳞片状,画风苍劲,洒脱豪放,这也是
清初画秋草一个典型画法。青花花卉纹在底部多用苔点,
也是清早期的一个画法特征。有一种草叶和洞石的画法
为顺治朝所特有,即在盘碟之类的器物上以青花画上一
块多孔的洞石或一片树叶,在树叶旁边再一到二句题词,
字以隶、行或草书写成,常见有"梧桐一叶落,天下尽皆
秋"、"一叶佳式"、"梧桐落叶,天下知秋"、"梧桐一叶生,
天下新春再"、"黄叶落兮雁南归"等。这种图式,实则反
映了清初民众以曲折方式所传达的一种对于改朝换代的
感慨和期望。当然,尽管这些装饰风格富有时代特征,单
凭装饰图案还不能鉴真,要断识真品,还是要从胎、釉、彩
料和真正的老气着手去进行仔细鉴别。这是在鉴识过程
中须时刻牢记。

清代顺治青花群仙庆寿纹残盘

清代康熙青花瓷鉴识要点

　　我国的青花瓷从唐代发轫,经宋、元、明之后,至清代康熙,又到了一个辉煌的时期,甚至可以说是代表了瓷器的最高水平。康熙时期的青花瓷,以其制作精良、发色明丽、层次丰富而博得了大家的喜爱。又因自康熙朝以降,青花瓷的烧造每况愈下,而且由于时间久远,存世的康熙瓷已越来越少,所以,康熙瓷在市场上就显得十分珍贵。于是,仿制品便乘虚而入,收藏者须十分小心,注意鉴识。那么,如何去辨识呢?

　　首先从青花料入手。康熙时所用的青料系国产的浙江青,中期多用云南珠明料。在康熙朝的 61 年间,青花色调有些变化,早期为灰蓝色偏深,中期为翠蓝色,晚期青花蓝色浅淡。有一种淡描青花,在康熙后期到雍正时所常见。康熙青花用“分水”法将青钴料调制成不同浓度,因而能绘出深浅不同的色泽,人称“青花五彩”,层次多的达七至九层。这是其他朝的青花瓷所不能企及的。另外,康熙青花瓷在青花部位,由于涂抹方法之故,常有指纹印出现,这也是鉴识的一个特征。由于时代久远,鉴识康熙青花,不仅要看其发色层次,更要观察其发色是否下沉,同时它又不是死板的,迎光应可看到其青花发色灵动明亮。凡青花发色干枯呆滞而毫无生气者,十有八九是仿品无疑。

　　再看胎质。康熙瓷的制胎一般都是偏向于厚重、沉着、粗犷,有一种古朴的霸气。一物上手,有一种明显的沉重感。凡上手手感轻飘之器,就要多一份小心。但又不能手感太重,民国仿康熙之器,常制胎过重,要注意鉴别。康熙瓷的胎质十分坚硬精细,所使用的是既洁白细密又含铁等杂质很少的麻仓土,这是一种优质瓷土。放大镜下可见胎质细糯发亮,色感犹如烧熟的糯米。官窑器修胎较细,细看

清代康熙青花缠枝莲纹梅瓶

康熙青花器内釉为刷釉,可见刷痕。仿品常用吹釉法,无刷痕。

清代康熙青花雄鹰独立
纹八方盘（下为底面）
高 3.5cm，口径 26cm，底
径 15.5cm

可见修胎的竹丝痕迹。晚清和民国的仿器，胎质粗松，杂质
多，据此一点就可大致区别开来。但由于时代条件的限制，
康熙瓷的器底仍能见到点点黑疵。因此，这种既洁白精细、
坚硬紧密，又在器底能见铁质黑疵者，才是康熙瓷胎质特
点的典型表现。另，康熙朝的瓶、碗、盘、罐由于制胎的方法
所致，器底均有明显的旋纹痕。凡器底不见旋痕又光洁无
一黑疵者，须小心对待。在鉴识时必须仔细观察上述所有
的特征。早期康熙瓷胎釉间少见火石红。

　　三看瓷釉。康熙时制瓷，除了当时的一种浆胎瓷（数

量很少）外，釉质都是非常紧密的，釉面极其光润，胎釉结合十分密致，所谓"紧皮亮釉"。以此可与晚清和民国瓷相区别。康熙的釉色多系青白色，器物的内外釉色应是一致的。底部圈足内的釉有呈淡淡的湖蓝色，折沿处色较深，呈淡青绿色。康熙青花罐内里为刷釉，可见刷痕，仿品为吹釉，无刷痕。康熙时的盘瓶口沿为防流釉会在上釉前先在此处加一层白粉。因此，烧成后常会在这个地方出现爆釉和脱釉的现象。这也成为鉴定康熙盘瓶的一个独特的特征。由于单色釉和釉上彩的发展，在当时，除了青花加彩外，也多见豆青、天蓝、洒蓝、黄釉、绿釉等釉色和浆胎器上加上青花的新品种。

此外，也应考察其形制和纹饰。比如在形制上笔筒有束腰感，早期器物足壁内外常斜削呈尖状，二层台底的器物折角须是直角，盖罐的盖呈圆弧形，形似馒头等均为康熙朝的特征。另，康熙人头罐手感较重，雍乾相对较轻。清初的罐类器，一般都是上大下小，随着时间推移，上面渐收，下面逐渐放大。康熙前后都画画，雍乾前后图形不一，到晚清就只画一半了。康熙在纹饰上绘画呈规矩化，出现"刀马人"等故事图案，人物画法仿照陈老莲风格。早中期山水画风从南宋画院画风等等，也都是本朝装饰特征。石头画方形是康熙到乾隆过渡时期的画法，雍正时画得最多。画牡丹康熙时最放，雍正时有所收敛。在瓷器上画麒麟，明代时是四足扒下的，清初是坐姿的，康熙以后就是立姿了。本朝龙纹多为弓字龙、立龙和夔纹龙，龙形凶猛粗犷。这些在考察时，均须仔细识别。从康熙五十九年到雍正四年，安尚义为朝廷烧瓷，这一时期的官窑俗称"安窑"。其时，在款识上有一特点，即"清"字中的"月"字写成"丹"字形（一横两边不出头），。当然，形制和纹饰都是可以仿制的，因此，这些是必要参考因素，然不是最终判定依据。更主要的是除了上述几点以外，还是

清代康熙青花龙凤纹罐
（上下为两侧面）

清代康熙青花鱼纹小蝶
（口沿有残）

清代康熙釉里红花卉纹
水盂

清代康熙青花开光博古
纹罐（下为底面）

要仔细观察器物有否真正的老气，千万不要被人工伪造的"老气"、"旧气"所蒙蔽。

晚清以来，仿康熙之器层出不穷，在收藏时须小心辨识。光绪朝时就有很多仿康熙青花之器，但细审察不难区别：光绪仿器造型小器，没有康熙朝器那种古朴霸道的大气风度。胎釉较粗松，手感较轻。器底不见旋痕、棕眼和黑疵。青花发色漂浮，不如康熙器沉着有力。青花染色的层次明显减少，虽也分浓淡，但与康熙朝时不能相比。民国以后更有不如，胎釉更差，出现波浪釉。造型笨拙，器物手感常显过重。青花发色偏深，出不来康熙时那种青翠之色。新仿之品，或胎轻釉薄，或胎重量偏轻。青花浮于表面，不够深沉。真品与之相反，胎应是坚致洁白的，釉厚细润，胎釉结合紧密的。

最后，说一下从康熙到光绪官窑龙碗胎釉的区别：康熙胎质洁白致密。虽较薄但手感略重，釉白而紧密。圈足旋削精细、圆滑。乾隆时胎质坚致，釉白中闪青，但光润，彩则深沉略厚。道光时胎薄釉稀，有小波浪。红、绿、黄彩鲜艳但略浅薄，青花色深。光绪时胎轻釉白，五彩艳，青花浮。画精细，龙无力，弦纹不整齐。新仿品则胎虽细密，但体轻。釉白而不润，没有贴骨坚致的感觉。青花上浮。金彩薄而发黄。纹饰柔弱或粗陋。

清代康熙青花釉里红莲花纹盘（一对）　杭州博物馆藏
高 4.3cm，口径 13.4cm，足径 3.9cm

清代康熙彩釉瓷鉴识要点

在中国的陶瓷史中,康熙朝的瓷器烧造是享有盛誉的一个时代。不仅其青花的分水法着色能分出多至八九个层次,为历朝青花分色之首,代表着青花瓷的最高水平;在彩釉瓷的烧造上,其品种之多,烧造成就之高,也是为历朝所不及。如何区别康熙朝与其他朝代彩釉瓷的不同,下面介绍一些简易的鉴识要领。

要鉴识康熙彩釉瓷,首先要看得懂康熙瓷。康熙朝的瓷胎和制作有一些与众不同的特点。首先,它的胎质与明代有很大不同,除极少量的浆胎瓷器外,一般的康熙瓷胎质均是坚硬精细,胎体厚重,少杂质,含铁成分非常少,所以,胎色非常洁白,官窑瓷尤甚。但因属手工淘胎,不可能细如粉状,因此,细察仍可见颗粒状以及底部有点点黑色铁质沉淀和缩釉点。这也是鉴识康熙瓷的一个重要特征。康熙瓷的釉质非常坚密,釉胎的结合特别好,釉面极其光润,紧皮亮釉是其外观特征。康熙朝的立体器,其器物内外壁的釉色应是一致的。在制作上,凡康熙瓷的器底均能见到明显的旋纹痕。同时也要注意到这个时期圈足的特定作法,比如,早期制品的足壁内外斜削而呈尖状,且足边大多数有缺损;器物的双底足大多是外圈底足高于内圈;凡有两层台的器物,其折角处都极为挺直;等等。

到康熙朝时,一道釉器出现了不少新的品种,向着色彩多样的方向发展了。在一种釉色中,又可以分出几种色调,因此,品种十分丰富。主要有白釉、祭红釉、豇豆红釉、郎窑红釉、霁蓝釉、洒蓝釉、天蓝釉、茄皮蓝釉和黄釉、绿釉、酱釉、黑釉、豆青釉、茄皮紫釉等。现择其要者而分述之。

豇豆红釉。这是本朝红釉器中最名贵品种之一,因其釉色如豇豆而得名。它在高温铜红釉中烧成,难度极大,

清代康熙豇豆红釉柳叶瓶

清代早期豆青釉刻花盘
（下为底面）

清代康熙五彩海水鲤
鱼纹盘

故少有大件器。一般器内为白釉，外壁由工匠用吹釉法，以竹管蒙上细纱，分几次将釉料均匀地吹于器物外壁。由于吹釉层次的不同和烧成火候的影响，釉面必将出现水渍般的现象以及点点绿斑。这既点缀了器物之美，又成了鉴识的一个特征。豇豆红器的底款"大清康熙年制"书写多不工整，凡工整者多为后仿。另，凡器身见旋痕者即为后仿。豇豆红仿制极难，雍正时已不纯正。清末、民国初的仿品，均未能达真品的幽雅娇艳，往往偏于灰暗，水渍斑刻板，且少见绿色苔点。

郎窑红。在康熙红釉中，除了淡雅的豇豆红外，数深艳的郎窑红最为名贵了。此类瓷器釉质肥厚，色泽浓艳奔放，多大件器，多见瓶类器。其特征是釉面光亮，器物内外均有开片；口沿因流釉下垂，有轮状白线，洁白整齐，俗称"灯草边"，底足旋削十分讲究，保证流釉不过足，故有"脱口、垂足、郎不流"之说；底部为透明的米黄色或苹果绿色，俗称"米汤底"或"苹果绿底"，偶有本色红釉底，但绝无白底；凡郎窑红器，均无款，凡有款者，即非郎窑器。后仿者不能做到所有特征都到位，仔细观察，可看出破绽。

霁红。又称祭红、鲜红，此类釉器，大都系官窑祭器。其釉色，不像郎窑红的浓艳透亮，也不似豇豆红的柔润淡雅，而是失透深沉，呈色均匀，釉如桔皮。底为白色，且大都有款，上以青花书写"大清康熙年制"或"大明宣德年制"两行双圈楷书款。现代仿品较难仿出桔皮釉纹，这是辨别要领。当代高仿品的字体和釉色可以形似，但青花料非古代呈色，且红釉色调发飘，另有作旧之痕，仔细辨认，可以鉴别。

洒蓝。此种釉器系仿宣德的品种，是将以钴为着色剂的洒蓝釉喷吹在坯体上，犹如洒落的水点（因而也叫"鱼子蓝"），再罩以透明釉，以高温烧成。除少数有官窑款外，多系民窑无款。多数辅以描金装饰，尤以洒蓝开光描金为

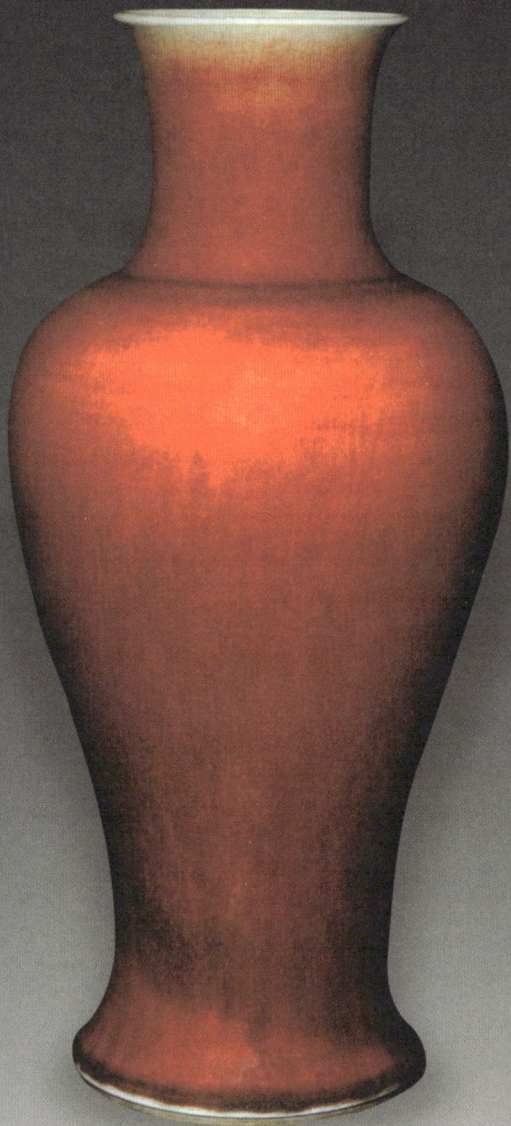

清代康熙郎窑红釉观音尊

清代康熙五彩花卉纹净
水碗（下为底面）

清代康熙素三彩瓷残底

多,但描金部分常因时间久远而剥落褪脱,致使文字和图案模糊不清。因烧造容易,后世仿品较多,但可从其器形、图案纹饰和制作特点来加以鉴别。有的有补描金彩的现象,仔细观察,可发现所描有不能吻合之处。

此外,康熙时因采用景德镇附近的乌金土而得名的乌金釉,其含铁量高达 13.4%,除了铁以外,还有锰、钴成分,因此,烧出来釉色特别。以后各朝烧造又少,因此,特别名贵;天蓝釉呈晴天蓝空之色,呈色浅淡,而雍正略深,乾隆时在积釉处微泛淡黄绿。大多是官窑器,底有"大清康熙年制"三行六字楷书款,且无大器。后仿品在胎、釉上与真品有较大差距。霁蓝釉器也是釉呈失透,釉面如桔皮,色泽匀润稳定。多官窑制品。碗、瓶类器内壁施透明釉,外壁施蓝釉,唯盘类器有里外均施蓝釉的。康熙黄釉器均属官窑,以仿宣德、弘治为多,但在造型上有区别,只要能把握时代特征,不难鉴别。此外,康熙黄釉较弘治偏深。有一种淡黄釉始创于康熙晚期。由于色如鸡蛋黄因此也称"蛋黄釉"。此釉用国外传入的"锑黄"颜色烧成,故有人也称之为"西洋黄"。雍正期的此类瓷品胎薄体轻,釉面滋润,较之康熙时更为浅淡典雅。乾隆后此类品逐渐减少,在清代官窑器中逐渐消失。明代时,绿釉在绿中闪黄,到康熙时,绿中就不闪黄了,但绿釉器釉面表面不匀,是其特征。

釉上彩和斗彩。康熙朝的釉上彩除了明代使用的红、绿、黄三色以外,已能成熟地运用釉上蓝彩。康熙的五彩已不再借助于釉下青花,而纯粹用釉上彩表达,色彩已多达红、绿、黄、蓝、紫、黑、金等七八种。五彩瓷上首次出现墨彩和金彩。这一点和釉上蓝彩替代釉下青花,在明代时都是没有的,以此,可与明代区分开来。粉彩瓷发轫于康熙二十年后,品种尚不多,通常能见的有两种:一是白地粉彩;一是绿、黄、紫上加有胭脂红彩。康熙素三彩多见于黄、绿、紫三色搭配,此外更增加了釉上蓝彩。这时有一种墨地素三彩,彩多用绘制。先刻划,后填彩的晚清时较多。粉彩是先打一层玻璃白,然后在上面渲染画画,而五彩是直接在釉上画画。因此,五彩手摸,稍有凸感,而粉彩则立体感更强。康熙斗彩以官窑小件器为多见,大多有官窑款识。民窑器较少,一般无款。康熙斗彩青花线条粗犷,填色凝厚艳丽,部分色彩表面有小黑点。斗彩加暗花为康熙朝所独有。由于年代久远,在釉上的绿、黄、蓝彩上一般均有明显的蛤蜊光出现,这出是判断是否为康熙瓷一个重要特征。后仿的釉上彩器除了在重量上常显得偏轻外,并无蛤蜊光。伪造的蛤蜊光不仅浮于表面,而且常不自然,显得板滞,缺乏灵动之气。

清代康熙孔雀绿釉饕餮纹花觚

康熙素三彩大盘

第十一讲 清代中期瓷和珐琅彩瓷鉴识要点

清代雍正、乾隆瓷鉴识要点

清代雍正青花云凤纹盖罐

清代雍正青花佛手纹盘

清代雍正青花釉里红三
果纹高脚杯　上海博物
馆藏

　　现下的古瓷收藏界,对康雍乾的瓷器青睐有加。这是因为,这一时期是清代制瓷的高峰,而传世的康雍乾瓷器,尤其是官窑器则越来越见少。在康雍乾瓷器中,除了康熙以外,就要数雍正和乾隆瓷了。因为其珍贵而少,仿品也就层出不穷。在收藏时须特别小心鉴别。

　　要鉴识雍乾瓷,先看瓷胎。应当说雍正时期的胎骨与康熙朝的差不多,也是洁白、坚硬、紧密、细腻的,放大镜下可见糯米状。但其胎质较之康熙时期显得稍差一点,胎骨也要稍薄一点。雍正官窑瓷胎薄体轻,但很坚致。釉面白细,光润如玉。民窑器胎白不太细,但质地坚致。底釉有棕眼。

　　到了乾隆朝,初期与雍正期差不多,中期之后就比雍正朝的更显逊色了,虽然胎质尚可,可无论精细、硬度,或洁白程度均已不如雍正朝,同时,胎壁也大都比雍正期的略厚。这一点,尤其是初学者只有在实物比较之中方能领悟。雍正时常见沙底。乾隆底部圈足有刷酱色护胎釉的,仿品常处理得很平整、细滑,有金属光泽;而真品反而像磨砂玻璃一样,并不平整光滑。需注意区别。乾隆官窑白釉器底部圈足内常施一层淡淡的松石绿釉。这种做法到民国时就会变得很深,以此可以区别。

　　很重要的一点是看瓷釉。这个时期的制品,烧制工艺和火候掌握均较前有所提高,因此,瓷釉细润,胎釉结合紧密,器物显得精细。而民国仿品釉常松软,以此可以区别。相对而言,乾隆朝的釉质较雍正稍粗。但,无论雍正还是乾隆,在放大镜下均可普遍见到釉面有细微的桔皮纹,

雍正青花石榴纹橄榄瓶　上海博物馆藏

乾隆朝尤甚,有些器物底部釉面还会出现波浪纹。当然,不是所有的雍乾瓷都有,但在多数瓷品中均可发现这种现象。这也是一个重要鉴别依据。

雍乾时期,一道釉的品种较前有所增加,而且盛行仿制宋代名窑的青釉瓷器。在收藏时要特别注意其时代特征。比如,雍正期的颜色釉器口沿一般均有一条清晰整齐的白边,俗称"灯草边"。雍正期的青釉器达到非常成熟的程度,前后各朝的制品均不能与其匹敌,但要确定其雍正年代,必须注意其釉面的桔皮纹和圈足的润滑程度。而乾隆期的青釉器虽品种与雍正时差不多,但制法与质量则略有不同。乾隆青釉器不论官窑或民窑,常见有在圈足上涂一层黑色酱釉,而且多数有剥落痕。乾隆期的蓝釉常蓝中带一点灰。乾隆朝的祭红釉没有开片,不易垂流,发黑、发灰、发暗,积釉处有一圈黑带。胎质细腻,底足是泥鳅背,全身有桔皮纹。茶叶末釉始烧于唐代耀州窑,景德镇窑烧制的茶叶末釉器在清代多见于雍乾两朝。雍正时釉色偏黄,称鳝鱼黄;乾隆时釉色偏青,称蟹甲青。另外,乾隆朝的松石绿釉,颜色偏深,口底部除了匀净以外,有微微起皱的现象。此即乾隆本朝的特征。凡乾隆期的一道釉器胎釉的结合处常不呈一条齐线状,而是出现极小的锯齿纹特征,但真品是不规则的,而仿品则做得很规则。这在鉴识上也是一个重要特征。

两朝彩瓷均较前朝有发展。康雍乾的白釉均非常洁白、晶莹,尤其是雍正朝的白釉更显滋润,比乾隆朝玉质感更强。另一种是白中闪青,也是晶莹滋润的。乾隆官窑与现代仿品在釉面上的一个明显差异在于,前者白釉白中闪青,而后者则白而不闪青。比较而言,闪青的程度康雍乾三朝是逐渐减轻。乾隆白釉的釉质虽然较之前两朝稍次,但仍是很洁白滋润的,此外,乾隆白釉在釉面的转折积釉处,常会呈现出浅淡的黄绿色。这也是识别乾隆瓷的一个特征。

青花器在雍正朝其青翠、艳丽不如康熙，着色层次也不像康熙多，一般只有2—4个层次，晚期颜色深一些，层次更少，总的说此期青花色调较为柔和秀丽。乾隆朝的青花初期与雍正期差不多，以后的质量就不如前朝精细了。颜色也更深沉些，成为蓝中微闪紫色，层次也更少，立体感较差。乾隆晚期青花发色偏灰暗。雍乾朝的仿钧釉器非常出色，能做出流淌之态。其底一定是芝麻酱底。厚薄不均，颜色不均，胎质不够瓷实，有气孔。以此可以鉴别。

炉钧釉在雍正朝新创，是一种低温烧制的仿钧釉品种。其主要特点是在流淌的蓝釉中，又出现红色或青色小点，以有红点的为佳，青点次之。雍正期这类釉器在器物里外及底部均施釉，这是重要特征。到乾隆朝后多数已为仅有青色小点。此外，雍正期的蓝色釉呈水波状，而乾隆

现代仿雍正青花云龙纹盖罐

此罐仿雍正青花造型纹饰。但胎质过细，为机器淘洗。釉色干枯，没有包浆，只有"贼光"。做工拙劣拘谨，青花上浮，发色死板，没有老器的自然和灵气。划痕系人工所为。

清代雍正出口瓷粉彩人物纹大碗

大碗底面
高12.3cm，口径29.5cm，底径15cm

大碗内底

清代乾隆青花鹤鹿同春牧牛纹八方盘

清代乾隆天青釉水盂

清代雍正青花粉彩开光
人物纹竹节壶
通高15cm,横宽22cm,底
径11cm

朝后则成为密集的点状蓝釉。雍正朝底釉多为红色,而乾隆朝多为蓝色。现代仿品垂流过大,层次不分明,颜色蓝中泛黑,造型粗糙。雍正期仿钧釉的品种中还有一种创新的品种,这就是青金蓝釉,其工艺与仿钧釉近似。以乳白釉为底色,在上面吹洒钴蓝釉,于高温中烧成,其色如同青金石,故名。另,乾隆期的官窑仿生瓷有刻款或描金款两种。乾隆时的瓷塑,面上的釉色白中闪青,而民国时的则面颊呈浅红色。这些都是区别真品与仿品的要领。 雍乾时有窑变釉器生产,雍正时蓝多红少,乾隆时红多蓝少,乾隆以后蓝色变色釉就消失了。

在彩绘风格上,较之康熙的古拙苍老而言,雍正朝则显清雅柔和、疏朗俊秀,而乾隆朝则是华缛多姿、讲求对称。康雍乾三朝的绘画风格受到明代陈老莲、清初四王和恽寿平等一些文人画家的影响颇深,在瓷上作画颇有他们的一些绘画风韵。鉴识时可注意到这些画画得好不好,如果笔墨呆板,了无生趣,看来似初学画所为,十有八九为仿品无疑。人物脸上用矾红淡红渲染,从雍正起。乾隆朝藏传佛教的艺术图案多见于粉彩器。从雍正朝开始,有百花不露地的花卉纹饰。鸳鸯在雍乾时画得灵活,到晚清就画得呆板了。乾隆时的刻花常是先由模印,然后再用刀来修刻,其间可见模印痕迹。两朝的龙纹装饰在绘画上也是各有特点的,雍正朝的龙纹头多画得似鳄鱼,故俗称"鳄鱼龙"。也多见螭龙纹,而且有多种变形。乾隆朝的龙纹画得面显慈祥,头像一个有八字长须的老者,因此俗称"老头龙"。两朝均有仿明宣德"苏麻离青"料的青花器。可从其析出黑斑的不同效果以及一笔涂抹的施料方法中加以区别。永宣时期用"苏麻离青"出现的铁斑系烧制过程中自然形成,色深处出现的铁斑是吸进釉里的;而清代后仿的"苏麻离青"铁斑效果系人为做出,是浮于表面的,有的凹进的效果,也是人工点乣而成。乾隆时器物

清代乾隆蓝釉描金贯耳大瓶
杭州博物馆藏
高 52cm，口径 20.8cm，足径 21.2cm

清代雍正红釉粉彩牡丹纹碗

口沿流行钱纹装饰,纹饰较写实。雍乾时用的一种绿彩叫苦绿,这种绿彩,后朝就没有了。乾隆朝的描金,金色有点发红、很厚。仿品的描金发白,或黄中偏白,很薄。乾隆以后金鱼形态多样,尾巴开始分叉。在鉴定时须注意区别。

两朝官窑器及民窑精品的底足多呈现糯米粉质感的所谓"泥鳅背"状。与康熙朝的缺口齿咬状有很大不同。如果发现写此两朝款的,而底足处理比较粗率,既不是滚圆的光滑的"泥鳅背",又不是康熙朝的平削做法,那么后朝所仿的可能性就很大。从形制上,雍正盘碗有大口大足的特征。特别是与后朝相比,这一特征显得更加明显。乾隆官窑款的"制"字,左上方多为写成"出"字样,而民窑或民国仿乾隆的,则多为写成类似篆书的"牛"字样。以此可以大致区分。唐英从雍正起成为皇家制瓷的督导官,至乾隆还是。他制瓷的底款,常把乾隆的"乾"字,写成"车"字旁。乾隆朝松石绿底的器物,底款有料彩款的话,必用篆书款,不会用料款加楷书款;而只有在白釉底上有料款时,会在料款中加用楷书款。记住这点,以此可以区别真伪。在官窑器中,有一种叫"赏瓶",雍正时始见,以后至宣统止,各朝都有烧制,用于奖励有功之臣。规格、纹饰都是大致一样的。以青花的多见,也有少数粉彩的。另,在乾隆朝未见有束腰的瓶子,但在民国时是有的。

仿品器物往往胎骨过重,仿雍正朝的却在上下胎壁上无厚薄变化。仿品的纹饰多粗率,青花色调多漂浮。款识文字书写常草率粗放。有些器型和饰件为后人臆造。但要识其真伪,最终还要看其有无旧气。而在这一点上,又要细心去排除人为的作旧。初学者最好的办法只有对照真品,反复去比较研究。

清三代青花万寿盘

清代嘉庆、道光瓷鉴识要点

　　清代的瓷器烧造,经过康雍乾三代的高峰期之后,无论胎釉和制作,均一朝不如一朝,走的是一条下坡路。嘉道之瓷已明显不能与雍乾时代的精瓷相比。当然,也偶有精品之物,但总体说来,大都比前两朝粗糙。这是一个总体原则,须在鉴识时把握住。

　　从瓷胎来看,嘉道瓷的胎骨与乾隆瓷相比,变化不是很大,但胎质略显粗松,胎骨的洁白度也差一些,而且,尤其是民窑瓷胎骨要较前朝略厚,器物也显得厚重。这些表现,在道光朝尤为明显。

　　瓷釉的质量也明显逐渐变粗。施釉较薄,釉色白中闪灰闪青,或呈浆白色。釉面上普遍出现细桔皮纹,有些器物上釉面起皱,如波浪起伏,俗称"波浪釉",这种现象在以后各朝中亦均有表现。有些器物上还有疙瘩釉,在道光朝的蓝地青花器上疙瘩釉现象尤为明显。这个时期器物表面的光润度也较前朝为差,釉面易见大波浪纹。

　　青花装饰基本延袭乾隆朝,嘉庆早期青花颜色亦如乾隆朝一样,在蓝中略显紫色,后来则显比较纯正的蓝色。层次感已明显不如乾隆,一般也就一两个层次,立体感较差。道光朝有仿康熙青花的器物,但它已渲染不出康熙朝的深浅不同的多种层次,因此,较易识别真假。嘉道期流行双勾不填色的花草纹青花图案,此类器物的青花发色较浅淡,多看真品后不难鉴识。嘉庆后期起,部分器物青花色调出现暗淡漂浮不沉着的现象,这种情形一直延续至道光、咸丰,乃至同治、光绪、宣统各朝。

　　嘉道时期有一种青花堆粉瓷。即在烧制时在胎骨上按纹饰图案的大致形状,先施一层白粉,然后,再在白粉上绘出青花纹饰,再施以豆青釉入窑烧制而成。这类器物,青花与豆青釉色对比明显,花纹凸起,立体感强。因此,鉴识时应注意在青花与豆青釉相接处,常显凹凸不

清代嘉庆豆青釉青花山水纹盘

清代嘉庆青花地留白梅花纹竹节盖罐（盖纽有修补）

清代嘉庆青花花卉纹盖碗

清代嘉庆青花地留白缠枝莲纹盘口龙耳瓶

清代道光青花渔樵耕读纹双耳六方瓶

平。有此特征者常为真品，反之，则为后仿品。同时，要注意与康熙瓷相区别。堆粉青花始见于康熙朝，雍乾两朝虽有烧制，但多不成功。到嘉道时才流行起来，烧制也更成功了。识别方法是，此时的堆粉青花，施粉较厚、较白，花纹立体感也更强了。

清代嘉庆青花花卉纹盘

嘉道彩瓷均以粉彩为主流。但与乾隆时相比，料质不如乾隆时精细，施彩也较厚，彩料中含粉量较少些，因此，色彩浓厚，色调艳丽。此外，施彩面积较乾隆时要大，也有用白粉直接进行描绘的。一些精细的粉彩器上施金彩的工艺已开始普遍化。但清代中期以后金色发白，与乾隆时金色发红有区别。此外，道光以后，金鱼纹见多，且在乾隆后，尾巴多见开叉。道光年代，有全红彩装饰，但道光时是没有桔红彩的。嘉道以后，釉里红的发色均趋灰暗。这些均给鉴定提供辨别的特征。在鉴别时，除了上述特点以外，更主要的还是看有无老气。如传世品釉面应见包浆；彩瓷的绿彩、黄彩、蓝彩之上侧视应可见蛤蜊光，尤其是绿彩之上应更为明显；瓷面上应有使用过的痕迹；等等。

清代嘉庆青花花卉纹万字结款碗

在装饰方面，还有一些特点可供鉴别时参考。从总体说，嘉庆瓷盛世遗风，道光瓷崇俭去奢。就是说嘉庆时纹饰多少保持一些乾隆朝的风格，绘画尚工整精细，但活泼生动已不如乾隆朝，较多是图式化的纹饰；而到道光时，风格就接近晚清了。具体看，有些图式表现出特有的时代特色，如道光、咸丰时人物的脸均画成上小下大的梨式脸；有用诗句闲章的形式装饰的器物。这种方式在乾隆时已有，但到嘉道时才盛行起来，鉴识时要注意与前朝相区别。在道光时开始盛行以草虫为主的绘画题材，特点是所绘昆虫多大于花草，而且纹饰用笔均较工细。嘉道以后的龙纹装饰风格与前朝不同，龙的形状画得如游动的带鱼，又弓身如虾，故俗称"带鱼龙"。此时的哥釉器上有用铁花为装饰的。所谓"铁花装饰"，即以堆花酱色釉装饰在哥釉器上。这种

清代道光青花粉彩花卉纹盘

清代道光青花粉彩花卉纹大碗

清代嘉道蓝釉轧道粉彩花卉纹碟

方式在乾隆时已出现，但到嘉道时才逐渐多起来了。而且，乾隆时装饰部位和纹饰样式都较单一，在嘉道时才丰富起来，装饰部位出现在口沿、肩部、腹部、耳系等处，装饰内容也扩展为兽面、花卉、蕉叶、回纹、龙凤等，以此可以与前朝相区别。在嘉道民窑器的款识中有一种仿成化的年款。有书写极为草率的"成化年制"四字楷书款，也有刻划的"成化年制"篆书或楷书并施以酱色釉的豆干款，遇到这种情况，根据胎、釉、彩料和装饰、形制等各方面的表现，不难进行识别。道光以后，款识中不用双圈，凡此时见双圈者，必是仿品。

当然，以上一些装饰方面的特征，现代的制假者均可依样炮制，因此，识别真假还是要根据胎、釉、用料，以及器物有无真正的旧气来仔细鉴识。

清代道光青花垂钓纹瓷砚（右为底面）

清代珐琅彩瓷鉴识要点

　　珐琅彩瓷也叫瓷胎画珐琅,由铜胎画珐琅(也叫掐丝珐琅)演变而来。清康熙三十四年起,宫廷造办处的工匠将铜胎画珐琅的技法,移植到瓷胎之上,成功地创烧出了瓷胎画珐琅(珐琅彩瓷)这一新的瓷品种。其鼎盛期为雍正到乾隆朝。以雍正朝的珐琅彩瓷水平最高,工艺最美。乾隆朝后慢慢地转向了粉彩,有部分瓷品上,珐琅彩和粉彩共存。所以,也可以说,珐琅彩瓷是终止于乾隆的后期。制作珐琅彩瓷,先由景德镇烧出瓷胎或精细白瓷,然后,送到北京宫廷造办处珐琅作,由那里的工匠用珐琅彩绘制烧成。因此,严格说来,在民国以前,珐琅彩瓷器就是清宫皇室为自己烧造的一种御用器。民国以后,始有少量仿烧品流入社会。

　　在康熙珐琅彩瓷器上出现胭脂红,是我国早使用的黄金红,也是最早的进口红色料。雍正六年 (1728年)以前,珐琅彩料全部都是依靠进口的。由于珐琅彩器烧造过程复杂,用料考究,制作精良,成本巨大。所以,一般无大器。而且,基本上都留存于宫廷之内。因此,社会上流通的珐琅彩瓷器,应是凤毛麟角,少之又少的。收藏者对其

雍正珐琅彩碗

雍正珐琅彩花鸟纹碗

珐琅彩瓶

千万不要存有侥幸拣漏心理。

下面说一下辨识珐琅彩瓷的知识和要领。

在康熙朝,珐琅彩的一个重要特征是其胎并非本朝所制,实际年代要早于康熙朝。胎质略显粗糙,没有本朝的细腻。其时,多在器物的外壁未上釉处,施以黄、蓝、红、豆绿、绛紫等彩料作地。上用珐琅彩彩绘。题材以缠枝花卉为主,但绝没有鸟,有花无鸟,更不见山水人物。在花朵中有时会填写一些文字,如"万"、"寿"、"长春"之类的吉祥语。文字以篆书主。由于彩料较厚,有堆料凸起之感,放大镜下可看到彩面上有细小的冰裂纹。康熙朝也有在宜兴紫砂胎上绘珐琅彩的制品。康熙四十年后才有款,款识多用蓝彩料,或是用胭脂红彩料来书写楷书"康熙御制"四字堆料款,加双方框。也有少数例外,用刻字阴文款。

雍正早期有少数仍延用康熙的在色地上绘彩,但绝大多数已改用在白釉上绘彩。白釉画珐琅自雍正起。彩料也自雍正起采用国产料,改变了康熙只用进口料,色彩单调的局面。在绘画上雍正朝也有很大突破。改变了康熙时只画花卉,有花无鸟的单调图式。在题材上花鸟、竹石、山水等各种图式都有,并配以诗文,将诗书画融为一体。雍正朝珐琅瓷的款识有几种,用蓝料堆凸图章款的有两种,书写"雍正年制"的使用仿宋体;书写"雍正御制"的使用楷书体。此外,用"大清雍正年制"六字款的也有两种:一种用蓝料;一种用青花。

乾隆朝珐琅彩则融合了前两朝的特点,并形成了所谓的"五彩珐琅"。绘画题材进一步扩大,除前两朝的题材外,并多见人物和仙山楼阁的题材,而且绘画、装饰多出现西洋韵味。与雍正的松散画法不同,乾隆时纹饰堆砌,画面繁复而满。还开发出一种锦地花卉(即用细针在瓷胎上画出暗纹花卉,形成锦地),让画面出现双层效果。

款识主要是在白地上书"乾隆年制"的四字蓝料图章款，也有少数赭色料款。但在一些小器上则无边框，用蓝料，也有少用红彩。也有在松石绿地上书"大清乾隆年制"六字款或"乾隆年制"四字款的。

　　严格说来珐琅彩瓷的烧造，应是终止于乾隆朝的后期。但在民国时期出现了一批仿烧的珐琅彩瓷。这批仿烧瓷，最流行的是模仿曾任康雍乾三朝宫廷画师的郎士宁的画风。模仿他的以西洋写实风格和透视之法所画出的人物和鸟兽画。这些瓷品一般工艺水平较高。多为薄胎瓷器，彩绘工细，色泽艳丽，艺术格调较高（当然，这里也不光是仿珐琅彩瓷，也包括其他的五彩和粉彩瓷）。辨识民国仿品，可从其胎釉和彩料入手去辨别。这个时期的仿品，大部分瓷器的胎釉都具有晚清民国时期的明显特征。即胎面不够光滑均匀，胎质较疏松。釉薄色白。民国与清代珐琅彩瓷，所用的彩料也不同。除少数外，大部分都是使用粉彩料。既有类似康雍乾粉彩的彩料，也有色泽浓厚的"重工粉彩"料，或浅绛粉彩料。根据这些差异，仔细辨别，还是可分出是非来的。

　　现代仿品较之民国又要差一个档次。做工粗糙，绘画死板，缺少灵气。不少仿器用灌浆模制，分量较轻；而民国时期是用拉坯制作，分量较重。

　　归结起来，要辨识珐琅彩瓷，有人总结了以下七个方面的考察方法。我以为，此法简易明了，可以参照：

　　一、观其瓷胎。珐琅彩瓷胎质细腻薄透，用料、修胎规则考究，完整无缺。二、观其造型。珐琅彩瓷多为碗、瓶、鼻烟壶之类的日用小瓷件和一些动物的小摆件。大多为小件瓷品，过一尺者少见。三、观其底釉。康熙时是满地铺彩，色彩浓烈。康熙后，雍乾期白地渐多，底釉为纯白釉，不偏青也不偏黄。釉面洁净，毫无瑕疵。四、观其色彩。珐琅彩瓷的色彩均鲜艳而柔和，绝少用纯色调，多为粉彩型

珐琅彩盘

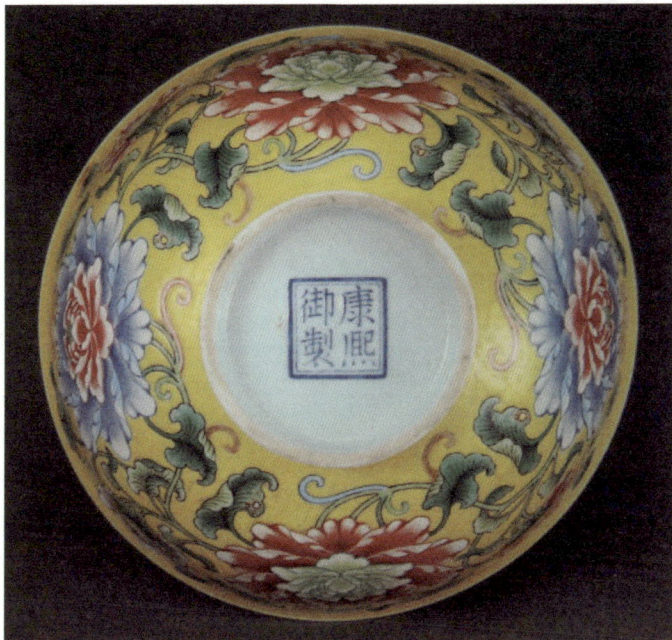

康熙珐琅彩碗底

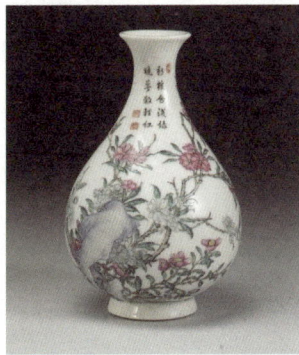

珐琅彩花鸟纹玉壶春瓶

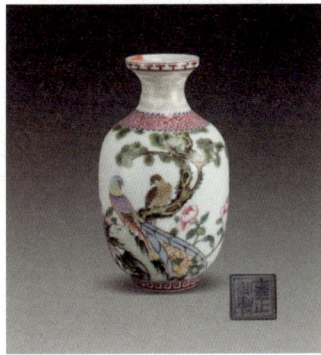

珐琅彩瓷

的偶合色，多达十数种。釉面绝无蛤蜊光出现。五、观其色料特点。其每一图案均系由多种色料调配而成。表面光滑，有玻璃质感和光亮感。彩料凸出底釉约1毫米左右，放大镜下可见有极细小的开片纹。六、观其绘画与纹饰。

珐琅彩瓷多采用工笔绘画方式。几乎没有用写意画的。纹饰在康熙时是多色地,有花无鸟。色彩调配较雍乾时要差。雍正朝的珐琅彩瓷最为成熟。乾隆朝没有雍正时严谨,并出现珐琅彩与粉彩兼容的作品。七、观款识。珐琅彩瓷的款识有严格的制式,具体已如上述。凡发现有不同于上述制式的,均非真品。

下面说一下五彩、粉彩和珐琅彩的区别:

五彩:除绿彩有玻璃彩外,其余各色都是一抹平涂,表面显得粗糙。

粉彩:有粉质感,也用渲染,立体感强。但粉彩渲染不能做到全粉彩化,其中的矾红彩必定是五彩。如果发现矾红彩粉化或玻化,此物必定是用现代工艺烧造。因为要达到玻化或粉化,烧造温度高,但达到800℃—900℃后,矾红彩就会出现流动,会破坏了画面的色彩。因此,民国以前的粉彩器中,矾红彩都是使用五彩的。与珐琅彩比,粉彩有粉质感,有立体感,表面平滑,但无玻璃质感。特别是在绿彩、黄彩上有蛤蜊光出现。现代仿的粉彩,打了玻璃白,渲染太细。

珐琅彩:釉面有油质感和玻璃质感,与进口不透明的红绿玻璃相类似。立体感强,但没有粉质感。画工用渲染法。因为不用氧化铅工艺,因此,绝无蛤蜊光。

最后,说一下鉴赏珐琅彩瓷时应注意的问题。珐琅彩所使用釉彩料与中国传统的釉彩料不同,其中含砷。因此,建议:一、在玩赏时,最好要带手套;二、近距离观赏时,要避免深呼吸;三、不要将珐琅彩瓷置于私密空间,如卧室、餐厅等处。

第十二讲 清代晚期和民国、解放初期瓷鉴识要点

清代同治、光绪瓷鉴识要点

清代同治粉彩人物纹盖罐

清代制瓷，自康雍乾三朝以降，一直是在走下坡路。尤其是清代晚期，战乱纷繁，使制瓷业日趋萎缩。同治时，受兵灾影响，景德镇御窑厂遭到很大破坏，工匠大量流散，维持制瓷的大都是些新手，制瓷质量大大下降。官窑瓷器中，唯专为同治皇帝大婚定烧的婚礼造器和专为慈禧烧造的"体和殿制"款识的专用瓷（从咸丰到光绪都有）堪称精致，其余的就不值一提了。大量的民窑器，质量大都粗糙。光绪时期，慈禧专权，生活上追求奢侈，讲究排场，要求御窑厂为之烧造了大量精瓷，从而刺激了长期不景气的景德镇制瓷业，使其有了一次小小的复苏。此外，光绪朝的古董商出于趋利目的，大量烧制仿古瓷，也一定程度上推动了制瓷业的发展。因此，清代晚期，制瓷业虽总体一直是在下滑，但从同治转入光绪之后，似乎又小有复兴。当然，这也只是相对而言的，与前朝特别是康雍乾时期还是不能相比的。要鉴识这两朝的瓷器，首先应当把握住这一总体发展趋势。

在这样的背景下，可看到，同治期的瓷器，其胎体除少量官窑品外，一般均显厚重，也有的反之而显轻薄，胎质白而不精，较为粗松，大量民窑器尤甚。圆器用手轻扣，发出较尖的似铜的声音。这一点是清末的瓷器的共同特征。同治瓷因胎质不坚，施釉也就较稀薄而疏松，釉色泛粉白、莹白，少数青灰，釉面多不平感，又不是细小的皱纹，似小水波一样，俗称"波浪釉"，这也是晚清瓷器的共有特点。光绪瓷较之同治时，胎釉质量稍有提高，胎质比同治显得缜密，但前朝相比，还是显得松软，民窑器则更差。

清代同治青花山水人物纹双耳瓶

由于釉汁稀薄、质地松软，光绪瓷釉面也欠莹润，色调与同治相比，白中泛青。也有纯白色釉面的，这类瓷已接近于现代白釉瓷。

同治期粉彩器较流行。纹饰上多见吉祥如意寓意的图式，画法除人物画外，风格已趋图案化。这一点在光绪年间，更多见卡通图案，笔触显拘谨呆板。同治时人物画的一个独特之点是，人物的眼睛常用珊瑚红勾出，眼珠墨

清代同治粉彩人物纹粉盒（右为盖合状）

色浅淡，常点在红色眼框线上，粗看似有眼无珠，这是同治朝所独有的，也是鉴识人物纹同治瓷的一个简要方法。同治瓷用彩上多见用黄彩和红彩，官窑的堆彩粉彩器中多见用蓝料彩。当然，这些都可后仿，鉴识时须仔细分辨，还是要看其胎釉特点和有无真正的老气来定，如是否为后加彩，有无划痕、包浆等。光绪朝粉彩器含粉质较多，彩料也较前朝明显疏松，附着不够紧密。

在同治朝，青花发色有的清新明快，但多数黑褐色劣，而且色料显得漂浮而不沉着。多见哥釉青花、豆青青花等品种。相对而言，光绪朝青花瓷较多见。青料呈色较多，黑褐、浅蓝、洋蓝都有，尤其是洋蓝料已广泛流行。晚清青花，色调都有漂浮不定的弊病，因而，纹饰大都不清晰，线条含混，笔触呆板。光绪期有大量的仿康熙朝的青花器。此类瓷，水平较高，不仔细鉴别，容易上当。眼下拍卖场所所见标为康熙青花者，有不少实为光绪朝的瓷品，须特别小心。区别的要领在于，光绪朝瓷虽然呈色逼真，但其釉色较白，而康熙瓷是白中微闪青。青花有漂浮感，胎釉较粗松，而康熙是紧皮亮釉糯米胎。足底常见露胎较宽且粗。器底光滑平整，不见康熙朝器器底所常见的点点黑疵和旋痕。器物分量较轻，缺乏康熙朝瓷的那种厚重、沉着、粗犷、古朴之气。青花渲染虽也有浓淡之分，但层次感肯定不如康熙朝。同样，光绪仿雍正之器，有如下特点可供识

清代咸丰青花云凤纹罐

清代同治红彩豆干款

清代光绪青花花卉纹瓶

别。光绪之器彩薄，不厚重，胎体疏松、不坚致，釉也不如
雍正肥润。光绪朝仿乾隆朝之器，虽也几可乱真，但从胎
釉、发色和色料的沉着程度小心鉴别，还是可以看出异同

清代光绪青花粉彩玲珑瓷小碟

晚清青花花卉纹高脚小碟

清代光绪青花花卉纹碟

的。一般来说，光绪器形制不如乾隆器精致，胎釉和底足都较差，有的有堆釉感，施彩色泽往往过艳，而细品画工，水平则肯定是远逊于乾隆朝器的。以粉彩百鹿尊为例，乾隆朝的胎体厚重白细，釉面肥润，白中闪青。画树错落有致，山石凹凸层次明显。圈足光滑，底有釉。道光时胎略粗，釉面薄，口部不够圆润。光绪仿品垂腹生硬，圈足稍矮，纹饰呆板模糊，无层次。体厚釉薄，不够坚致。新仿品造型笨拙，转折显硬，不够圆润。颈略显短，纹饰呆板，胎厚体轻，内壁厚薄一样，过于平整。釉薄均匀，青花上浮。以此类推，也可以识别其仿制的其他朝的瓷品。在制式上，民窑与官窑也有一些区别。如光绪官窑的钧釉贯耳瓶，都是沙底；民窑的反而是釉底，但无款。这些都需在鉴识时予以区分。

清代光绪青花山水纹小水盂

两朝在龙纹装饰上，同治朝仍延续前朝为"带鱼龙"，如弓身游动的带鱼。光绪朝的龙在眼睛上画得特别炯炯有神，龙睛如点，所以俗称"点睛龙"。另，光绪的龙必定是鬼脸龙，嘴巴是上短下长。在款识上，同治粉彩器多见红彩楷书款，民窑器上一般用四字或六字篆书款。光绪朝官窑器款识则多见"大清光绪年制"的六字篆书青花款或六字楷书青花款。民窑器上则多见"光绪年制"抹红楷书款。

清代光绪青花八宝纹小粥罐

前面说过，无论形制或彩绘装饰，后人均可仿制。因此要鉴识真品，这些只能是一个断代参考。从本质上看，还是要看其胎釉、彩料，以及由年岁久远而留下的老旧之气。每个朝代的胎釉都是各有特点的，一般来说是难以仿制的。一百多年的器物，如是传世之品，则肯定会留下使用之痕，并产生包浆的。如遇一无划痕，或人为的做出划伤；毫无包浆，或涂上油污冒充包浆者，就须仔细识别，免上其当。

清代光绪粉彩飞燕纹温酒器

下面说一下晚清时用釉用彩和装饰上的一些特征。

清代光绪粉彩小盅

晚清时，祭红釉官窑器的发色不正，呈猪肝色，此也成为
鉴别的一个特征。胭脂红最早进口在康熙，多用在雍正和
乾隆。雍乾时层次匀净，较薄，有一点突出釉面的感觉，而
且发暗。时代往后会发黑或发淡，新仿的显得匀净。清代
的矾红彩，越早越红，至晚清，则红中透黄；矾红龙纹中的
牙齿和爪子使用玻璃白，时代越早则越白，时至晚清，则
白中泛黄。另，康熙时矾红勾彩用水调，因此，画线常可见
断裂之处。以此可将康熙与后朝区别开来。松石绿釉在乾
隆时十分淡雅，至晚清则颜色偏深。晚清的洒蓝地均显
发浑和发灰。在绘画上，人物的脸似倒挂的梨，上小下大
者，必定是道光及其以后的制品。遇广彩上的人物其衣服
上绘有团花者，此物为上品。道光以后的款识，应不绘双
圈。

再说一下盖碗和笔筒的时代特征。盖碗始见于康熙
后期，雍正后渐多见。下面带托者应是清中后期之物。乾
隆时期多见用下托茶船，雍正盖碗天盖地，道光之后的盖
碗则地包天。笔筒在康熙朝画面占一圈，雍正期画面占三
分之二，乾隆时占二分之一，晚清之后就更少了。康雍乾
时，口沿上下是平的，凡口沿出现向里的台阶，就是中晚
期以后了。若口沿部里外都凸起，则多属晚清到民国时的
做法。

以上所说的这些特征，在鉴识时，可结合其他因素，
一起来考察，以去伪存真。

民国瓷鉴识要点

　　所谓民国瓷,是指从1911年到1949年新中国成立以前所生产的瓷器。这近40年的时间,上连清末,下接现代,因此,瓷品特征上也有一些变化,早期与光绪朝瓷相似,晚期又与现代瓷相近。总体说来,民国瓷仍然是延着下坡路日见萧条的,无论是数量还是质量均不如从前。但是,民国期也有一些精品瓷值得关注,如民国初由江西瓷业公司督造的瓷器、袁世凯称帝时定制的一批"居仁堂"款瓷器、景德镇珠山八友瓷器、民国初期的名家绘制的浅绛彩瓷,以及当时仿造的历代重要瓷器中的精品瓷等,其精美程度均不亚于晚清的官窑器。民国瓷中,大量的是日用生活瓷,其中的制作精良者,也值得收藏。

　　鉴识民国瓷,也应从胎、釉、彩料和老气四个方面入手去进行。

　　民国瓷的胎质,早期普遍见粗松,较晚清尤甚,胎釉结合部多泛黄色。也有精细的,与晚清精品相类。现代仿品胎质做得反而坚密而生硬,分量或轻或重。民国晚期由于工艺操作机械化程度提高,坯胎整齐划一,厚薄均匀,切割精准,胎土细润,铁星减少。另外,由于窑炉和燃料的改进,器物受火均匀,胎土瓷化程度提高,不易变形,胎体坚致。所以,识民国晚期瓷,除了看胎质外,还要结合釉面、彩料和老气等因素综合起来来与现代瓷相区别。民国瓷的釉面,一般来说大都略微泛黄,表面光泽柔和,给人一种松软之感。现代仿品则光感过强,没有柔和感。民国后期釉料经过机械处理,釉面明净细润,但同样光亮柔和不刺眼。民国期所用青花料,一种是沿用清代料,但多有杂质因而多数呈色发灰,不像前朝瓷发色有精神。另一类发色纯正艳丽,却不够沉着,不能入骨,有漂浮感。民国瓷施彩已逐渐不取矿物颜料而采用化工颜料,色彩纯度提

下页瓶系民国大总统徐世昌设窑专烧。以青花画山石枝叶,以红彩绘花卉。居中一株桃树,以粉彩画出寿桃,有五只蝙蝠飞翔其间。桃树寓意长寿,蝙蝠寓意幸福。图案疏密有致,釉彩粉润柔和,整个瓶大气典雅。系民国瓷中一件顶级精品。

民国"静远堂制"款青花粉彩福寿纹梅瓶　杭州博物馆藏
高 34.6cm，口径 7.7cm，底径 11.7cm

高，少有杂质。仿品色彩死板，少有鲜活之气。识民国之器，要多从老气着手。传世品上应有包浆，即瓷面上应见微黄的油光，凡釉面色泽全无者，多数是为去浮光而用酸作假过的。墨彩之上应是黑中透微黄，在放大镜下看，墨色因时间关系还应有收缩、曝裂和剥落等老化现象，釉面和彩面也应有收缩或龟裂之貌。此外，民国器绝大部分是传世品，应有擦痕和使用之痕。但若发现有人为的方向一致的细小而密集的擦痕，这是作伪者为了去除瓷面的浮光所为，那么，此品也就可以断为新品。

民国期大量仿制历代名瓷，但仔细观察不难区别。民国所仿的三国、两晋和南北朝瓷，其釉面和胎土的结合不如真品紧密，胎质也不如真品坚致。仿隋唐五代白瓷，胎骨过白，釉色过亮，与当时的胎釉特点不一。其所仿宋元名窑瓷，制作粗糙，颜色不纯，釉质也较粗。所仿的钧窑、汝窑、哥窑等瓷，均不能做出这些名窑瓷的特定特征。所仿明代器也是这样，胎体不如真品厚重，又无真器的丰满、浑厚、庄重和古朴之气，里子处理不到位，器物一般无接痕，器底露胎处火石红不如真品明显，底足大都挂釉，青花用料与前朝不同，出不了明代青花的凝重、古雅和绚丽鲜艳的效果。所仿康雍乾三代之瓷，青花器由于用料不同，色彩无沉着感，发色呆滞、死板，层次也少，康雍乾三朝时青花的青翠艳丽之感全失。所仿这三朝的粉彩瓷，施铅粉过多，彩料浓重，像涂了一层油漆一样，表现死板，没有层次，也没有立体感。康雍乾瓷器的釉均非常紧密，而民国的仿品常因施釉松软而露出马脚。此外，就是制作粗糙，画技拙劣，做不出前朝的风格。无论在制作上，还是在画意画工上均不能与前朝相提并论，仔细品味，不难鉴别。

袁世凯称帝时定烧了一批"居仁堂"款瓷，系民国瓷中之精品。但此类瓷极少，制作精致工细，而且大都是小件物品，所写"居仁堂"均为篆体。一般市场所见，制作

民国粉彩山水纹瓶　　　　　民国早期墨彩花鸟纹帽筒

民国粉彩百鸟朝凤纹天球瓶　　　民国粉彩人物纹胆瓶

粗劣，画工呆板，十有八九为仿品。市场所见写"洪宪年制"款者，均属后仿，都不是袁世凯称帝当时之物。

　　浅绛彩瓷和新粉彩瓷是民国时期的两种重要瓷类品种。鉴识要点略述如下：

　　浅绛彩瓷，是因绘画技法而命名的一种彩瓷。咸丰、同治年间，程门、金品卿、王少维等一批画家把由黄公望当年首创的以淡赭石与水墨相间渲染而成的一种山水设色画法运用到彩瓷的绘画上，在白瓷上绘上花纹，再染以淡赭色和少量的水绿、草绿和淡蓝等彩，经低温烧成。色调清淡柔和，颇具文人雅趣。所绘题材已不局限在山水，更有人物、花鸟和走兽之类。早期多由文人画家作画,后来制瓷画匠也纷纷加入其中,仿而作之。因此,鉴识这类瓷品,除了要看其胎釉特征和老气程度外,主要要看其画工画意水平如何。如标有名家大名,更要从该作画人的绘画水平、绘画风格上去进行鉴别。如发现写有名家大名,却又在画工画意上明显拙劣呆板者,必是仿品无疑。

民国粉彩桃花美女纹糖缸(缺盖)

　　新粉彩瓷产生于 20 世纪 40 年代前后。当时景德镇瓷厂聚集的一批著名绘瓷艺人像汪晓棠、王琦、周筱松等,包括后一些时候的"珠山八友"等,在吸收浅绛彩绘画技巧的基础上,拓宽了用色用彩的路子,以富丽的浓墨重彩替代了浅淡而年久易掉色的浅绛彩,创出了色彩浓重的新粉彩。两者的区别在于,浅绛彩是文人画家把纸绢上的文人画移植到了瓷面上,所追求的是一种文人雅趣;而新粉彩则是制瓷艺匠模仿文人画家在瓷上作画,他们注重于色彩的明丽,所追求的是一种明快的赏心悦目的艺术效果,更迎合大众化的欣赏要求。鉴识新粉彩也和浅绛彩一样,除了观其胎、釉和老气外,更要看画工,特别是遇到名家署名的作品,一定要从其绘画风格和水准等方面仔细去识别。凡遇画意一般,画工草率者,即便写的是名家大名,也不要轻意认定。

民国新粉彩瓷花卉飞碟纹盘

左两件为:民国浅绛彩人物纹六方形茶叶罐(左)、民国杨青山绘浅绛彩人物纹盖碗(右)

解放初期瓷鉴识要点

　　解放初期是指 1949 年到 1976 年,近 30 年的时间。
在这段时间,制瓷的理念、装饰的意向,都与当时特定的
时代背景相关。瓷器生产,在这近 30 年时间里,业已成为
当时政治宣传的一种方式,无处不见政治元素的渗透。哪
怕画的是一花一木,个中也是可以看到内涵特定的政治
元素的。与政治的密切关联,是"解放初期瓷"不同于其
他时期瓷器的一个主要的装饰特征。因此,辨识这一阶段
的瓷器也可以从这一方面切入去进行考察。

　　从造型角度看,主要是两类:一类是盘、碗、瓶、壶等
日用器;另一类就是领袖人物、样板戏人物和工农兵形象
的瓷塑。第一类瓷品各地瓷窑都有生产,但以景德镇窑厂
为主生产;第二类瓷塑产品主要产于景德镇窑厂。从装饰
角度看,以彩瓷为主,较少有单色釉,除了少量的瓷塑人
物用白釉烧造。在彩瓷中,主要是粉彩瓷。在这段时间,尤
其是 1966 年以后,最崇尚的色彩是红色,因此,这一时期,
似乎绝少看到青花瓷。只有 20 世纪 50 年代末,尚可见到
用青花装饰的器皿。1966 年后,陶瓷绘画完全为政治服
务。因此,出现在瓷器上的要么是手写的政治口号或伟人
影像,要么是样板戏图案或当时的英雄人物、工农兵人物
的图像。偶而出现少量的花树,也必定是有政治寓意的几

毛主席瓷像　　　　　　　　工农兵人物瓷塑

种，如梅花、松树、向日葵等。由于当时大量的彩瓷是把影像资料直接搬上瓷器的，因此大都是采用印花贴图的办法来完成。这是因为，一、当时一般都是批量生产；二、有水平的画师在那个时期大多受到冲击，而一般的画工又无力来完成高难度的绘画。但这一特征却为如今的鉴定带来一定的方便。

当然，装饰都是可以模仿的。因此，鉴定真正解放初期瓷，还需要从胎釉、用彩、工艺，和时间痕迹等几方面去进行细察。

从 1949 年到 1966 年，不过十多年时间。因此，制瓷的胎料、施釉、用彩、工艺与民国后期相差不大。只是随着时代的发展，机械制瓷技术的介入，灌浆工艺的推广运用，化工颜料的大量使用，为这个时期瓷器的批量生产创造了条件。这些新的因素，使这个时期的瓷器出现了一些和民国瓷细微的差异。如球磨机粉碎瓷石使瓷胎更加细碎而均匀，较之民国期的胎，明显更细更粉。灌浆技术的运用，可以把器皿做得更加薄透。广告彩的使用，使画面色彩比民国时更加丰富多彩。总之，在这个时期制瓷上，我们可以看到更多的现代技术因素的介入，结合其装饰特征，不难将其与民国瓷区分开来。

这里说一下这一时期的一个特殊产品。这就是解放

葵花太阳纹瓷盘

红太阳纹盖罐

初期瓷中最为出彩的所谓毛瓷。毛瓷指的是 1975 年中央办公厅在景德镇陶瓷研究所为毛主席定烧的一批日用瓷器。这批次器是"文革"后期，特定政治氛围中的产物。因此，尽管所制都是日用瓷，但在制作精美、不惜工本、追求完美无缺上，都是达到了极致。这批瓷器，代表了新中国成立以来的制瓷最高水平。

当时，研究所花了足足半年多时间，烧制了 20 窑，制成了精品瓷器 4200 件，其中 1000 件供毛主席专用，余下的 3000 多件全部封存。1980 年春节，研究所作为职工福利，每人发了 10 件，所以，有约 3000 件毛瓷流入了社会。这其中又有 600 件为一位新加坡藏家所收藏，因此，从理论上讲，现下社会流通的毛瓷有 2000 件左右。

20 世纪 80 年代之后，景德镇和醴陵等地对毛瓷都有仿烧。当前，市场上的毛瓷，更是仿品充斥，真假难辨。所以，收藏者要十分谨慎小心。这里，介绍一些情况，帮助大家去辨识真正的毛瓷。

首先，毛瓷都是餐饮和书房用具。主要包括盘、碗、

毛瓷有盖大汤碗

勺、品锅、茶壶、茶杯等，为了保温，全部配盖；书房用具包括烟缸、笔筒、笔洗等。毛主席不喝酒，因此，凡见酒杯、酒壶和不带盖的大碗之类，均为伪品。此外，摆设瓷，如花瓶、水仙盆之类也均与毛瓷无关。第二，毛瓷是景德镇陶瓷研究所烧造，所以，款识只有一种，即"景德镇制"四字两行篆书款，由著名工匠用小笔写成，没有其他形式的款。市场上有一种题为"中南海怀仁堂　陶瓷研究所　七五零一　珍品"的款，也系伪品。第三，毛瓷系釉下彩，胎薄釉细、色彩艳丽，彩釉交融处呈显出湖绿色。个中桃花的红色系用真金调出，放大镜下看，花瓣上无开裂痕。第四，毛瓷采用特种高岭土制胎，保温效果好。沸水倒入，手觉不烫。第五，凡有暗刻纹的诗词、主席头像、国徽图案者，均系伪品。第六，市场上可以见到的真品毛瓷，每一件上至少都会有一点点小瑕疵，如小黑点之类。因为没有一点瑕疵的都已送北京了。在80年代，湖南醴陵窑曾仿制过一批釉中彩毛瓷，虽质量不亚于毛瓷，但只能是现代仿品。

　　解放初期离现今时间虽不长，但时间的沉淀，也会在器物上留下一定的痕迹，使胎釉和彩料发生一些细微的变化。仔细考察，不难与现下新制的伪品区别开来。

毛瓷杯

毛瓷碗

附录一　市场淘宝感悟

"吃药"是"拣漏"的老师

南宋吉州窑绿釉褐彩花
碟纹炉
高 6cm,口径 8.7cm,底径
8cm

所谓"拣漏",就是花极低的价钱,买到价值极高的收藏品。这是一件令收藏人喜出望外之事。所以,凡玩收藏的人,都想要在收藏之中能得到"拣漏"的机会,至少我是如此。而实际的情况是,如果你是初入此行,在尚未入门的情况下,越是抱着"拣漏"的心情,就越容易"吃药"。花了冤枉钱,以为买到了珍品,实则买来的是一钱不值的赝品。这又是一件使收藏人十分懊恼之事。

我就有过这样的经历。十几年前,我自以为对同治粉彩比较了解,带着这种自信在市场里买回了一个粉彩人物腰鼓罐。一开始还沾沾自喜,以为是拣到了一个大漏。但拿回家仔细一看才发现是上了人家的当了。总结教训还是怪自己买的时候太大意了。这个罐一无传世包浆,又没有使用痕迹,制作又粗糙,人物的画工非常差,不可能是个老东西。所以第二次去的时候就警惕多了。在一个摊位上发现了一个同治粉彩人物盘以后,先是仔细观察,经过反复察看,认定这次没有错看,才跟摊主谈价,最后以差不多他的进价购得。这一次倒是算真的拣了一个漏。但这个漏的拣得,是在"吃药"的前提之下,在总结了前面的经验教训之后才拣得的。所以,"吃药"并不可怕,关键是不能重复错误。这样,每次"吃药"都可以当成是从反面学习的机会,因此,由"吃药"而到"拣漏"的机会往往更多。有一次,我在市场上看到一个青瓷渣斗。从品相看,这个渣斗做工精良,胎薄釉厚,紫口铁足,釉色青中泛黄,釉面布满鱼子纹开片,开片中可见明显的土沁腐蚀之痕。我见了之后,心中一喜,这不是一个宋代名窑之物吗?要是是仿品,为何有满器的

清代康熙绿釉花盆形水洗（下为底面）
高8.5cm，口径12.3cm，底径9.3cm
底面圈足上刻有一弯月形状款。

土沁之痕呢？摊主要价不高，我略作还价把它买了下来。原以为拣了个漏，但拿回来一研究，发现了问题。这个东西的黑胎太细，宋代时掺入了紫金土而做出的黑胎常有较多杂质，胎质不可能细腻如粉。另外一个大问题就土沁。真品的土沁，深入瓷胎，而且，分布不会在整器上十分均匀的，必定是有处多有处少，有处深有处浅，无规律可循。仿品的土沁一般都做在表面，现在虽然也可以做到深入胎骨，但总是做不太自然，看起来总有点别扭。再说，一般的摊主都是内行，决不可能把宋代名窑之物，以极低的价格卖给你的。有了这一教训，我在以后碰到布满土沁看似老气之物，就多了一份戒心。这样就成功地避免了重复去"吃药"。

　　其实，玩收藏的人都知道，凡是玩收藏的人，可以说没有一个人是没有"吃"过"药"的。即便是鉴识大师，也难免走眼的时候。道理是显然的，古玩的情况太过复杂。就瓷器而言，上下几千年，十几个朝代，每朝都有各自不同的制瓷风格和特点，它浩瀚如大海，深不可测。可以说每一件瓷器，就是一门学问。而每个人的知识和经验总是有限的，不可能什么都懂，什么都了如指掌。以有限面对无限，出错就是难免的。所以，我以为，重要的不是不能"吃药"，而是应当尽量避免重复地犯错，应当在"吃药"中吸取教训，把"吃药"看成是"拣漏"的老师，从反面积累鉴真的经验，在"吃药"中积聚"拣漏"的内在资本，使自己慢慢地由外行而变成内行，由内行变精通，这样，也就等于给自己增加了"拣漏"的机会和可能。事物的辩证法往往就是如此。

晚明漳州窑白釉瓷水洗
（另三为俯视，底面）
高 3.5cm，口径 11.8cm，
底径 8.5cm

此洗胎骨洁白，釉色白中略显微黄，细润滋厚，犹如白玉。放大镜下可见珍珠般细开片。洗底刻有一方形章形款，虽字迹不可辨，但也可说明它的身份不一般。有使用痕迹，老气明显。

要觅"鲜桃"不要"烂梨"

在收藏界有一句俗话，叫做"宁要'鲜桃'一个，不要'烂梨'一筐"。意思是说，在收藏古玩之时，宁可要一件上档次的人皆喜欢的高档收藏品，也不要贪多而尽去拣一些民间常见的十分一般的东西。高档的存世量极少的老东西，收藏时间愈久，就愈会显出其收藏价值之高；而那些民间常见平庸的收藏品，尽管也是老东西，然而，因其存世量较大，又缺少艺术的含量，只是一件普通的见证历史的旧物而已，因此，其收藏的升值潜力和艺术价值都是不大的。这种东西收得越多，无论是经济支出还是艺术欣赏，都是弊大于利的。

但是，对于一般的收藏爱好者，尤其是那些初入此行的爱好者而言，收藏伊始，他们首先关心的还不是"鲜桃"和"烂梨"的问题，而是收藏品的真伪问题。只要收到的东西是老的，是对的，那怕档次低一些，心里也是高兴的。等有了一大堆平庸之物了，他们会突然发现，这些东西既无升值潜力，又无流动的可能，这时候，心里才会着急起来。收藏之品多了，放也放不下，也就变成了一种压力，无奈之下，到头来就以送送人来处理掉。这个时候，"鲜桃"和"烂梨"之选的问题才突显了起来。

我就有过这样的教训。20多年前初入此行，在市场里游逛，只要能觅到真正的老东西，说明自己眼力还可以，就会沾沾自喜。很少去考虑这些东西有无真正的收藏价值。直到有一天，我发现房间里已堆满了这些平庸的一般之物，又无法去处理掉这些东西时，这才感到有点压力了。才真正体会到"宁要'鲜桃'一个，不要'烂梨'一筐"是说出了收藏的真谛。只有坚持这样的收藏理念，才是一条正确收藏之路。当然，以前的收藏也并非完全劳而无功，起码是锻炼了自己的眼力。

盖合后通高16cm，无盖通
高14cm，盖底径10.5cm，
灯高7cm，灯盏口径5.7cm，
灯底径9.5cm。

此油灯设计非常巧妙。打
开盖子，将灯盏置于其上，
盖即成为灯的底座。用毕
后取下灯盏，盖上盖，既干
净又美观。表现出古代制
瓷人的超群智慧。

晚清石湾窑绿釉折枝花卉纹刻花油灯

　　明确了这个道理之后,我在以后收藏中,就改变了方法,开始自觉去注意挑"鲜桃"了,尽量去收藏一些精美、奇巧,又存世少的,既有艺术欣赏价值,又有较大升值潜力的老东西。如果碰不到,宁可不买,空手而归。对于一般的"大路货"、"垃圾货"就不再去碰了,一般都是多看少买。如此数年,一方面处理掉一些"大路货"、"垃圾货",另一方面又尽可能地去收进一些上档次的东西,如此,我的收藏品才开始变得值得让人一看了。

　　收藏古玩,是对于艺术历史文化的一种保存。因此,我们今天搞收藏,不仅仅是要保存一种历史文化,我们更要努力地去保存的是一种有价值的物化的历史。"鲜桃"就是有价值的艺术历史文化的物质载体。"烂梨"当然也在一定程度上体现了当时的历史风貌,但在时代艺术的代表性上毕竟不如"鲜桃"来得鲜明和重要。当然,即便是"烂梨",也是有一定的保存价值的。但对于一个普通的收藏者而言,两者相比,孰取孰舍,也应该是显而易见的。

清代光绪粉彩花卉纹罐
高12.5cm,口径5.2cm,底径7.3cm

宋代吉州窑酱褐釉人字纹刻花钵
高6.5cm,口径7cm,肩宽10cm,
底径8cm

旧物易找补盖难

清代同治粉彩人物纹小
盖罐
罐高 4.9cm,口径 5cm,底
径 5cm,盖径 5.5cm

　　朋友从兰溪乡下回来,从老家带来了一些旧瓷器。知道我喜欢古瓷,他就将其中的一个同治粉彩的直桶形小罐送给了我。这个小罐的立面上用粉彩画了三个小童在嬉戏。人物画风系典型的同治笔法,釉面包浆明显,此物系同治年代无疑。缺点是这种当年闺阁小姐放脂粉用的小罐,本来还应该有一个盖。现在,罐虽留下来了,但盖却不知去了何方。因此,我拿了这个同治之物,欣喜之余,总感还有着一丝遗憾。朋友说,你常在跑收藏品市场,想法去给它配一个吧。

　　我知道,这句话说说是容易,但做起来其实是很难的。不要说找到一一模一样的,就说是配一个相似的也是机会难得的,全靠碰运气。十年前,我曾在安昌买到过一个嘉庆朝的青花梅花纹的竹节罐,罐子完好,也就是缺了个盖。为了配这个盖,我市场里足足找了有一年多,也一直没有找到合式的。一天,从一个摊位上看到了一个大小正合式的梅花纹青花竹节罐盖,不过它是一套,有盖也有罐,而且盖顶的纽有修补的痕迹。我因为配盖心切,就去问小贩,单买一个盖行不行? 小贩看出我的心思,就说要拆开买价格就贵一点。我想此盖来之不易，贵点就贵点吧。结果花了比平时高两倍的价格把它买了下来。拿到家中一盖，大小倒正好，但青花发色的深浅还是有一点不一致，只能将就着看了。我家里还存有一个嘉庆朝双喜纹的青花小罐，也是为给它配盖煞费了我的苦心。先后找来几个盖，不是大了就是小了。最后没有办法，为它找了一个大小合适的宋代影青釉的盖给它盖了上去。虽然年代不一，装饰风格也不同，但盖在上面，倒也别致。不能求全，只能退而求其次了。

有了这些经历，我是深知为旧物配盖之难。但眼前这小罐，不为它配个盖，总是一个缺憾。所以，决定再试一次。我记下了尺寸，每到读市场就暗暗寻访。但在此后的连续几个月里，每次都是无获而归。不是尺寸不对就是器型、纹饰不合。就在我将要放弃之时，却在一次去市场时碰到了一个小罐，年代、纹饰和器型都对，这是比我的那个还要小一号的一种，但它上面盖的盖却正与我的那个吻合。我就与摊主商量，能否把那个盖让给我？我说，你那个罐和盖反正不是一套的，有盖无盖也无妨，而且，我可以给你一个好价格。摊主终于被我说动，我们两人可以说是两得其便。他卖了个好价钱，我也总算了了一个心愿。

盖子拿回家中一盖，无论大小、器型、纹饰均非常匹配。我庆幸总算配到了一个合适的盖。朋友来家看到了，也连称不易。我知道，这次配到一个合适的盖，实在靠的是运气。就像为失散的佳偶牵线一般，纯属机缘巧合。但反过来又印证了一句话：世上无难事，只怕有心人。为旧物配盖，在古玩收藏中确实算是一件难事，当然也是一件趣事。当费尽周折而不得，蓦然回首，所觅之物就在那"灯火阑珊处"之时，此时的快乐心情，只有个中人才能体会。

晚清青花双喜花卉纹小罐（此罐上的小盖系南宋影青釉瓷）
通高 8.5cm，口径 3.2cm，底径 6.5cm

"压手杯"的遥想与辨识

明代永乐青花缠枝纹压手杯

在中国的陶瓷史上，明代永乐年间烧造的青花瓷压手杯是举世闻名的制瓷名品。由于传世量极少，因此十分珍贵，一般难以一睹其真貌。据资料介绍，这种永乐压手杯，都是坦口折腰，沙底滑足（但也有藏品底部确系上了釉的）。由于拿在手中正好将拇指和食指稳稳地压住，故名。也有另一种说法，说是"将杯覆合手中，大小恰合掌心，并有凝重之感"，故有此名。有的专家则认为，这两种说法均有牵强之嫌，他认为：压，即塞满、充实之意。压手杯器形小巧，拿在手中，刚巧塞满掌心，故名之。除了杯名的来由，资料还告诉我们，在永乐的压手杯中，以杯的中心画有双狮滚球，而且，球内篆书"大明永乐年制"六字或"永乐年制"四字细若粒米者为极品。若是内绘鸳鸯者，则为次之。内绘花心者，则更在其次。所有的压手杯，杯外均有深翠的青花纹样，其样式小巧玲珑，惹人喜爱。因此，自永乐以降，至清代、民国，直至现代，历来均有人模仿烧造。但明万历以来，仿品似乎已是一代不如一代了。也有仿得尚好的，然与永乐的总不可比。

要欣赏永乐精品，除了到故宫博物馆等处外，已是极难有缘。因此，本人有幸见到的自然只是一个与压手杯有点相似的小杯而已。不过，能见到嘉靖至万历的瓷品，也算机缘不错。

那天，朋友把他在十多年前收藏的一个青花小杯拿来考我的眼力。我端详这个小杯，从青花发色和形制上一看便知，与永乐典型的压手杯并不一样，但是，这个东西似乎也有点模仿压手杯的味道。而且，可以断定此物绝对不是现代瓷品。

我仔细揣摩眼前这个小杯。4.5厘米高，8.7厘米口径。似乎比资料上永乐压手杯要略小一些。但同样是坦口折腰，滑足釉底，制作精细。白釉青花，白釉釉色白中泛青。杯心没有纹饰，杯外绕中心有三朵以青花料绘成的折枝兰花，笔法与墨法成熟而又灵动，非一般工匠所能为。口沿下方与圈足外侧均有两圈青花直线装饰。釉胎结合处均有一线橙黄之色。此杯包浆清亮，青花灵活，圈足内收，胎色白中略泛灰色。又，在青花的绘制上，显然是先勾边后填色，而且，填色之后，边的轮廓有的已模糊不清。所有这些，均是明嘉靖到万历制瓷的一些主要特征。因此，我就肯定地告诉我的朋友：这是明代之物无疑，年代可断为从嘉靖到万历的晚明之物。虽然，从压手杯角度而言，它只是一个有点相似，不能简单地断为是压手杯的仿品，然而，此物制作精良，杯瓷薄可透亮。青花绘画虽简约，但画工灵活精细，非现代作伪者所能达到的。

我对朋友说，永乐压手杯早已是凤毛麟角，一般是无缘见识的。万历的仿品存世量也不多，此物虽与压手杯不太一样，但能收集到已是十分幸运，也是难得之物。更何况此杯制作精良，当属精品之列，应好好宝藏之。朋友听了，显然有些失望。嘴上虽不说，但对我的一番话，也是将信将疑。他一直是将它当作压手杯的仿品来看的。我自然也看出来了他的心事，所以对他说：本人所言，仅供参考，可请真正的专家再看看，如果看法碰巧一致，也说明本人学有成效,对我也是一种鼓励。我对他说,古玩的鉴定一般只能靠目鉴,凭的是专家的学识和功力。因此,多几个人看看没有坏处。怕的是有的人过于自信,只相信自己的看法,如果真的至此,那么,他失眼的地方必然也会多起来的。

明代嘉万期青花枝莲花纹小杯
高 4.5cm,口径 8.7cm,足径 3.9cm

仿制中流露本朝特色

清代嘉道期哥釉五彩刀马人纹罐
（上两个为两侧面，右侧一个是底面）
高 17.8cm，口径 7.9cm，足径 9.3cm

　　明代成化年间，有一种仿哥釉器，它继承了宣德的仿哥釉技术，制品釉面光润，开片规整，光泽度很强。在口沿及底足均涂上一圈酱色釉，以充紫口铁足。这种仿哥釉器，在当时就十分稀少，颇为珍贵。因此，以后各朝又纷纷仿制成化朝的样式。在这些仿品中，尤以清代康熙年间的仿品为最佳。康熙时的仿品，虽也打上"成化年制"的款识，但又留下了明显的本朝时代特征，同样，博得了人们的喜爱。于是，以后的工匠又以康熙制品作为蓝本来进行仿制。

　　笔者最近从市场觅得了一个有五彩"刀马人"纹饰，又有铁花装饰的哥釉罐。这个罐，高 18 厘米，口沿直径 7.5 厘米，腹部直径 16 厘米。哥釉的开片规整，"金丝铁线"明显，釉色细白滑润，除了罐上绘有釉上五彩人物故事外，上下均有一圈刻花酱油釉的装饰。底款是酱油釉的"成化年制"四字阴文行草刻字的"豆干款"。

　　这个罐虽然各方面制作都很精良，但仔细考察之后，有三个方面的特点显露出它并非成化朝的产品。一、胎质虽也很白，还不够细，不符合成化时期用胎土的特点；

二、五彩绘成的人物故事纹饰在成化时虽然也有，但从彩料到绘画风格一看便知系康熙朝的风格；三，底款书写潦草，也露出了系后仿品的痕迹。成化时虽然也有酱油釉的豆干形年代刻字款，然一般都是六个字的款，即"大明成化年制"或"大明成化年造"。凡字迹潦草的四字草书款，均系后仿。

那么，此罐是否属康熙朝之物？经我仔细考察，并不是。首先，此"刀马人"人物绘画虽系仿康熙风格，但鉴别康熙五彩有一个十分简单而又可靠的方法，那就是看有没有蛤蜊光。年代久远的五彩瓷，在其蓝彩、绿彩和黄彩上会有明显的蛤蜊光（七彩虹光）出现。但此罐没有。其次，康熙时制瓷所用的胎料系优质的麻仓土，这种胎土既细洁又光润，结合十分紧密。而此罐的胎质虽也洁白，却略嫌粗松，分量也嫌轻，与康熙朝不符。第三，铁花装饰始于乾隆朝，成熟于嘉庆朝。从此罐装饰来看，应是嘉庆的风格。

综合考察的结果，我以为这个哥釉罐当属嘉道年间的产物无疑。在那个时代，仿成化、仿康熙之物是很多的。尽管是仿造，但本朝特征还是暴露无遗，因此，仔细考察是不难识别的。

尽管如此，这个嘉道年间的五彩人物故事纹饰的哥釉罐，还是令我既喜欢又得意。首先，在这个罐上生动地写着一部我国陶瓷事业的传承发展史。在一个小小的罐上，从成化到康熙到嘉道各朝制瓷之中的各种传承关系和发展状态展露得既生动又明了。其次，这个罐用料讲究，制作精良，色彩鲜艳，绘画生动。杨家将中杨宗保、穆桂英的马战场面描绘得栩栩如生。五彩的人物画面在温润如玉的白色哥釉衬托下显得特别光彩照人。而上下两圈刻花铁花装饰又使得它艳而不浮，有一种厚重之感。据此，我以为，这件器物即便在当时，也应属于精心制作的难得的精良之品。今天到我之手，自是一件大喜之事。

清代康熙以酱釉为圈饰的哥釉花鸟纹梅瓶

在演变中去辨识"铁花"

清代嘉道期粉青釉铁花
哥釉尊（右图为底面）
高 24.5cm，口径 12.5cm，
底径 12.5cm

　　所谓"哥釉瓷"，应是指在宋代开始烧造的我国五大名窑之一的哥窑瓷器。但后代仿照哥窑样式烧造的瓷器，在习惯上也都被称之为"哥釉瓷"。这一类瓷器的特点是胎质坚致精细，一般颜色为深紫灰色。瓷釉较厚，有灰青、粉青、翠青和米黄等几种颜色。釉面质地细腻，特别光润，有油光感。釉面上布满较规则的细碎开片。有的纹片颜色有大小深浅之分，大黑小黄，所谓"金丝铁线"。此外，宋代哥窑瓷器也有紫口铁足的特征。而所谓"铁花哥瓷"，则出现在乾隆朝之后。这是指在哥釉瓷器物上，以酱油釉涂抹在其上凸雕的纹饰上，因为其色如铁锈一般，故称之为铁花装饰。这种装饰样式的出现，在单色釉的烧造中，是一种创造和发展。在审美上，丰富了色彩层次和装饰层次。不过，在乾隆时代，这种装饰方式尚刚刚出现，采用的还不多，而且，装饰面也较小，一般都局限在器物的肩部和耳部，主要是一些回纹和如意纹。这类器物大都仿造金属器皿，故看起来都比较庄重敦厚，生动而又耐看。

一次笔者去逛收藏品市场，得到了一只铁花哥釉尊。此尊高 24.5 厘米，腹部直径为 17 厘米，口部直径为 12.5 厘米。通体为灰青色瓷釉，上面布满了细小规则的碎纹开片。由于传世有年，历经风霜，釉面包浆厚润光亮，如同涂了一层油一样。在其肩部有一圈 4 厘米宽的龙凤纹铁花凸雕装饰。由于年代久远，凸雕的龙凤上也闪发着油亮的酱色光芒。尊的釉面未及底部，在浅圈足上露出了灰紫色的胎色。底部无釉，呈灰紫色。整个器物看上去大气凝重，有金属味。一圈凸雕上两只铁花龙凤盘绕其上，使这只尊在厚重之余，又透发出了一股灵动之气。此尊虽光亮生动，然又有明显可见的传世老气。这种又新又旧的感觉，是绝非新器可比的。

我观察再三，判定此尊为嘉庆年间之物。理由如下：首先从釉面上看，此物虽光润，但已明显不如乾隆朝之器，釉面上可显见细桔皮状轻微的波浪纹，釉面滋润程度也比前朝的器物要差些。其次从制作来看，胎骨与前朝相比，也已显见厚重和粗糙，这也是嘉庆朝制瓷的一个特征。最重要的依据是铁花装饰本身。在乾隆朝时，装饰铁花的器物尚不多，装饰的面也不大，而且，题材也很有限。到了嘉庆朝时，龙凤纹的这种装饰手段才逐渐多见了起来。并且，只有到了嘉庆朝，铁花装饰的部位和题材方变得灵活多样和丰富多彩了。此时，器物的口沿、肩部、腹部和耳系之上均可见以铁花装饰的凸雕，在题材上也泛见兽面、花卉、蕉叶、回纹和龙凤等多种图案样式。根据以上几方面的考察，当然，最主要还是器物本身所透发出来的无法仿造的陈年老气，因此，我认为，本人所得的肩圈龙凤铁花装饰的哥釉尊为嘉庆年间之物，应无大错。

得同治粉彩人物盘记

今天,在我的收藏架上,又多了一件令我分外欣喜的藏品。这是一个直径为23厘米的清同治官窑制的白瓷粉彩人物盘。盘面的外沿是一圈深棕色的细边。白瓷盘的瓷面上,则以圆形结构绘上了六个人物,似乎是一幅名门闺秀收到边塞来信的图像。上方三人,系两名丫环陪同女主人接收边塞来信。下端三人中,一书僮正将来信传递,另一书僮则执灯送送信将士策马而返。画面的主要部分均施以厚厚的粉彩釉色。虽然,已经历了100多年的沧桑沉浮,此盘的粉彩釉面上,显已满布了冰裂之纹,但经揩拭之后,盘面白瓷和色彩依然异常鲜艳夺目、光鉴照人。若侧光而视,彩釉上析出的七色虹彩宝光,则闪烁而现,美丽无比。更为奇特的是,由于当年画师的巧妙设计和构图,若退远眯眼而视,则这个棕色边框的白瓷彩盘,在感觉上仿佛又变成了一个精莹剔透的透明球体,六个人物就在这个球体之内,有着一种立体的效果。此盘的底面系双圈底足。里圈平面的无釉面上有一圈明显的火石红的痕迹,而圈底中心的白瓷釉面上,以青花楷书写着"大清同治年制"六个字。整个盘子的制作显得异常精细,我想,当年说不定正是宫廷御用的。

不过,之所以说得此盘令我分外欣喜,除了这个盘子确是精美可人以外,还因为这是我在支付了一笔"学费"之后的所得。购得此盘的经过,正是我在收藏知识的学习上学有所得的一个结果。

杭州的收藏品贸易市场,逢周末两天,是允许放在户外交易的。因此,一到这两天,买卖双方的人与物就尤其地显得集中和踊跃。我因为早就有兴趣于此,也就常在此时要去市场走走看看。这个星期六游逛的结果,是从那里捧回了一个同治年间的腰鼓形白瓷粉彩人物罐。这是个

清代同治粉彩人物纹盘
（左侧为底面）
高 4cm，口径 23.5cm，底
径 71.2cm

大罐，上面高盖上画的是和合二仙，罐身两侧画了两组人物，色彩鲜丽，造型生动。我当时一看就颇喜欢，觉得这种器型较少，而人物造型也符合同治的时代特征，于是，稍作还价就买了下来。不想拿到家中，与原先家藏的一个同治粉彩人物高脚盘一比较，立马就比出了此罐的破绽。我发现，这次带回的只是一个距今不到 30 年的高仿品。其实，我应该清楚，距今有 100 多年历史的瓷品，首先，其粉彩应该有明显的收缩和龟裂现象。其次，存世 100 多年的时间，足以使彩釉内的水银析出，从而使釉面出现蛤蜊宝光。而所有这些在我带回的这个瓷罐上，却毫无体现。加之，其上几无旧留擦痕，岁月的流逝似乎并没有在这个罐上留下任何痕迹。这只能说明它是一个问世不久的新物无疑，充其量也只是一个 20 世纪 80 年代中期的高仿品而已。

自以为对同治的人物造像特征比较了解，不想却在此失了一回眼。我对此自是心有不甘，所以，在第二天就再次去"征战"，一定要以胜利战果来挽回这一次的失利。

第二天又去，在一个摊位上果然又见到了一个同治腰鼓人物罐。但这回我不再轻易上当了。稍作辨析便看出了这是一个与昨天那个相仿的仿品。这时，就在这个罐的旁边，我却看到了一个同治的粉彩人物盘。当然，这次不敢稍有怠慢了。可在仔细辨别之后，我惊喜地发现，除了典型的同治式脸部造像特征之外，上面所说的种种特点在这个盘子上均有明显体现。尤其是盘底釉面呈现出同治年代特有的波浪纹。当然，此时的惊喜是不能轻易外露的。我只是淡淡地说，这也是一个仿品，只是时间上稍早于前者而已。而那个摊主在我头头是道的分析下，居然也拿不准主意，于是，在一番讨论之后，以他的进价购得。

当然，直至现在，我也不敢百分之百地肯定，这次所购之盘，必定是同治官窑无疑。现代作伪技术高明，冰裂纹、蛤蜊光、缩釉等均可通过高科技作伪手段做上去。更何况，官窑产品制作要求高，一般不允许有任何疏忽，而此盘盘底的落款与盘面画方向不太一致，因此，尚是一个疑点。但，以它既绮丽又苍老的动人彩釉，以它充满灵气的构图设计和神秘美丽在盘面上到处闪现的宝光，即便它也只不过是一个高仿之品，我也仍然是十分喜欢它的。我不仅喜欢它夺人的华彩，更是由于，在这其中已融入了我的学习心得。比起收藏的结果来，我更看重收藏的过程，只要在这个过程中我学有所得，并能将所学之处准确地有所用，我的乐也就在其中了。

这次的经历，使我深深地感到，现下的藏品市场，真是处处有机关。鱼龙混杂，扑朔迷离，真伪莫辨，稍有不慎，就会跌入摊贩给你设下的迷局。而识伪的唯一办法，就是增强自己的辨析能力。收藏的学问既博大无边，又深无止境，要得到好的收藏，唯有不断地多看多学、多比多问，方能熟能生巧、举一反三。除此似别无他法。

现代仿同治粉彩人物纹腰鼓罐

此罐虽彩绘尚可，但釉无包浆，而尚存火气。找不到使用痕迹，无传世老气。盖上铜拎扣虽系老物，但系后配上去的。

惟妙惟肖的"雨打墙"

晚清石湾窑仿钧釉虫叶形砚滴
通高 6.5cm,通长 12.5cm,面宽 6.5cm,底足长 7cm,底足宽 5.5cm

　　钧窑始烧于宋代,至北宋晚期达于鼎盛,成为当时北方最大的瓷窑之一,名列于宋代五大名窑之中。钧窑瓷以其丰富多彩的窑变受人喜爱,也为王公贵族所钟情,因此,大量产品供宫廷使用。宋元时,各地即有仿制烧造,至明清时,江西景德镇、江苏宜兴、广东石湾还在仿造,但已不是刻意求同宋钧,而是烧出了各自不同的地方和时代特色来。

　　拿石湾的仿钧器来说,它就不是生搬硬套宋元钧釉瓷的烧法,而是在仿中有创。一般钧釉的窑变釉均是一层釉色,而石湾的仿钧釉则是分两次上釉,先上底釉,然后在上面再淋上一层面釉,使其在窑变中产生一种特殊的效果。在石湾的仿钧釉器中,有一种著名的品种,俗称为"雨淋墙"。它是在深蓝釉外面再浇淋上一层葱白釉,使其产生一种雨淋的效果,宛如在夏日蔚蓝的晴空中,突然暴雨骤至,于是,墙面上便水渍淋漓,直流而下。

碰巧的是,近日我在市场上竟也碰上了一件光绪年间石湾产仿钧釉的砚滴。这个砚滴带柄净高6.5厘米,连柄长12.5厘米,滴身宽6.5厘米,做成了折枝树叶状的别致造型。弯曲的树枝是它的把柄,枝端连着大小三片叶子,覆盖在与大树叶同形的盛水器之上,小叶子盖在大叶子上,隆起的隙缝处巧妙地做成了进水口,而大叶与盛水器连结的最前端微微跷起,开了一个出水的洞口。有趣的是,它在叶面上还以堆塑法做了一个正在爬行的小甲虫,这一设计,给这个小器物带来了一种夏日林间的生命气息。砚滴通身均先施以深蓝釉,枝叶的筋脉和小甲虫的背部则轻施上一层棕黄釉,在蓝釉上面,又遍身淋上了一层葱白釉。于是,叶面上便出现了蓝白交融的变色效果,而在盛水器的立面上则出现了明显的暴雨打墙面的逼真效果。深色的蓝釉上面,条条葱白色的"雨水"淋流而下,真的就像暴雨骤来,猛打墙面一样。再看爬在叶面上的这个小家伙,也是因为暴雨骤至,不及躲避,浑身淋湿,所以,粘在树叶上也爬不动了。这种施釉方法的革新,再加上与这种方法相融通的艺术氛围的巧妙创造,可以看到,当年石湾瓷工独到的艺术匠心。

这个砚滴,传世使用已逾百年之久,因此,通身裹上了一层厚厚的包浆,看起来晶莹温润,十分惹人喜爱。尤其是那葱白釉的条条"雨丝",似乎还在不断地从树叶上流下来、流下来,给人一种审美的愉悦。石湾的双层施釉窑变仿钧釉的烧造,既仿出了钧釉的窑变之美,又创出了属于它自己的创新之美,已成为陶瓷史上为收藏界津津乐道的一件美谈。

晚清乌金釉猪形砚滴

两个青花碗

20 世纪 50 年代瓷器，虽然时间离现在并不久远，但常因其上面带有特殊年代色彩，而成为一种历史的见证。再加之，近 70 年的时间过去了，这种东西的存世量也已不多。因此，它也受到了当下古玩收藏界的青睐。现在市场上可见到的尽管不少，但绝大多数都是新仿的赝品。要寻觅一件真正的解放早期瓷器也还真是不易啊。

不过，一次我在朋友家吃饭，却在偶然间得到了两件真品，令我大喜过望。朋友也是一个喜欢收藏的人。那天，他请我到他家去玩，顺便看看他的一些藏品。他和人家不一样，一些家传物品他至今还一直在使用着。他认为，古董在使用中才更能体会到收藏之乐，也更能体现出收藏家的气度。他说，当年潘天寿绘画用的笔洗是明代的，这才显出了潘天寿的大家气派。他要效仿的就是像潘天寿这样的大家气度。对于他的这一套理论，我一时也弄不清究竟是对还是错，不过，我发现他的确是这样在做的。一走进他的家，我看到他用以盛烟灰之缸，居然是一只完好无损的嘉庆花草纹青花捣药臼。后来吃饭时，我端起给我的饭碗一看，竟然是一只光绪年间造的金红釉胭脂水色的官窑瓷碗。见我显露吃惊之色，朋友又端出两只菜碗，我一看，是一对真正的 50 年代的青花瓷碗。我顾不上吃菜，仔细地端详这一对碗。这对碗是仿照晚清民窑青花碗的样式烧造的，外面是两层青花图案，上层是用竖线隔开的以转圈写法书写的"人民公社万岁"六个青花大字。有一条横线将上下两层分开，下层在一个碗上转圈写的是"年年丰收"四个字，另一个写的则是"人民万岁"四个字。字写得极其潦草，但猛一看倒也很像用青花画出的花草纹。碗里则有青花双圈纹和底部的一抹青花装饰。底款也是一抹青花。因此，初看极像晚清之物，细看才发现

解放初期造青花文字纹碗（两只）
高 5.7cm，口径 12cm，足径 5.7cm

有着鲜明的时代特征。它们系由朋友从老家带出，是他母亲在当时买下家用的，故不必探究其真伪的问题。从所写的字来看，它们应该是 1958 年的产物。这类瓷器的审美价值不是很高，但由于它们产生于特定的历史年代，还是有其独特的收藏价值的。

　　见我捧着碗爱不释手的样子，朋友就说："今天请你来就是要送你几件东西的，既然你喜欢它们，吃过饭，就把这几个碗带走吧。"我说："也不好意思白拿你的宝贝，我也送你一个乾隆时期造的青花山水纹方形水洗，但你如果同意的话，就让我把那个被当成了烟灰缸的青花药臼也带走吧。"朋友一口答应，但又说："不过你的水洗就将成为我未来的烟灰缸了。"

清代嘉庆青花花卉纹药臼（连药捣，柄后配）
高 5cm，口径 14cm，底径 8cm

附录二 主要参考文献

1.《中国陶瓷》，冯先铭主编，上海古籍出版社。

2.《明清瓷器鉴定》，耿宝昌著，紫禁城出版社。

3.《鉴识青花瓷》，吴战垒著，福建美术出版社。

4.《青花瓷鉴定》，张浦生著，北京图书馆出版社。

5.《晋唐宋元瓷器真赝对比鉴定》，程庸编著，上海古籍出版社。

6.《明清瓷器真赝对比鉴定》，程庸编著，上海古籍出版社。

7.《货币保值与珍宝鉴藏》，宗时著，中国经济出版社。

8.《中国古瓷器真伪鉴别》，彭勃、肖荣、渭父编著，安徽科技出版社。

9.《汝窑瓷鉴定与鉴赏》，孙新民、郭木森著，江西美术出版社。

10.《钧窑瓷鉴定与鉴赏》，赵青云、赵文斌著，江西美术出版社。

11.《耀州窑瓷鉴定与鉴赏》，禚振西、杜文著，江西美术出版社。

12.《磁州窑瓷鉴定与鉴赏》，王建中著，江西美术出版社。

13.《吉州窑瓷鉴定与鉴赏》，刘杨、赵荣华著，江西美术出版社。

14.《德化窑瓷鉴定与鉴赏》，叶文程、林忠干、陈建中著，江西美术出版社。

15.《长沙窑彩瓷》，周世荣著，福建美术出版社。

16.《哥瓷》，裴光辉著，福建美术出版社。

17.《官窑青瓷》，裴光辉著，福建美术出版社。

18.《定瓷》，裴光辉著，福建美术出版社。

19.《空白期青花瓷》，裴光辉著，福建美术出版社。

20.《越窑瓷鉴定与鉴赏》，任世龙、谢纯龙著，江西美术出版社。

21.《鉴定秘诀 元明清青花》，王国丙著，北京工艺美术出版社。

后 记

十年前，我曾在山东美术出版社出版过一本《高松年谈辨识历代瓷器》的鉴识入门之书。因为此书通俗易懂，全面实用，可操作性强，因此，出版后，受到广大古陶瓷爱好者的极大欢迎，一版数千册，很快即销售一空。

这次在浙江工商大学出版社出版的这本《鉴识历代古瓷十二讲》，是在我十年来积累经验、不断学习的基础上，对前书进行了扩展章节，充实内容，重新编排而成。在此新书中，我又增加了唐代长沙窑、宋元越窑、宋元建窑、清三代和民国的珐琅彩，以及毛瓷等新的内容。同时，在全书各章节中，也尽可能充实了我了解到的各种辨识的方法与技巧的新内容，使之成为一本更适合于在课堂上进行教学或在家自学钻研的古陶瓷的辨识入门之书。

我知道，要全面周到地阐释我国各个历史时期不同古陶瓷的辨识要领，仅以本人几十年来对古陶瓷的个人研究所得和收藏学习过程中所获得的一些经验教训，显然是远远不够的。因此，在撰写和成书过程中，参阅和应用了国内古陶瓷研究鉴定界的诸多前辈和专家朋友的某些先期研究成果和一些网上的图片资料，在所难免。在此，要真诚地表示谢意。

本书的书写和出版，得到了好友杭州收藏协会会长徐正国先生的关注和支持，在此表示真诚的谢意。浙江工商大学出版社以及任晓燕主任在本书出版过程中，也给予了巨大的支持和提供了种种方便，这是使这本书能顺利出版的一个前提！在此表示真诚的谢意！作为古陶瓷的鉴定专家，宁波大学古陶瓷艺术学院特聘院长蔡暄民和特聘教授王世荣他们两位还在正值天热大暑之时，不辞辛劳，分别对本书的全部文稿进行了严格仔细的审阅和校正，对于提高本书的学术质量，作出了贡献。在此一定要对好友说一声谢谢。责编田程雨和美编林朦朦在校阅和编排上付出了辛勤的劳动，也要在此表示真诚的感谢！

本书所言，均为本人在学习中的一得之见，难免有错谬之处，恭请方家和有识之士不吝指正。愿本书的出版，能给广大古陶瓷收藏和研究的爱好者带来方便，在辨识古陶瓷方面助大家一臂之力。

高松年

己亥年仲夏于杭州邻农斋